# Fit f

**Reihe herausgegeben von**
Peter Buchenau
The Right Way GmbH
Waldbrunn, Deutschland

Die Zukunft wird massive Veränderungen im Arbeits- und Privatleben mit sich bringen. Tendenzen gehen sogar dahin, dass die klassische Teilung zwischen Arbeitszeit und Freizeit nicht mehr gelingen wird. Eine neue Zeit – die sogenannte „Lebenszeit" – beginnt. Laut Bundesregierung werden in den nächsten Jahren viele Berufe einen tiefgreifenden Wandel erleben und in ihrer derzeitigen Form nicht mehr existieren. Im Gegenzug wird es neue Berufe geben, von denen wir heute noch nicht wissen, wie diese aussehen oder welche Tätigkeiten diese beinhalten werden. Betriebsökonomen schildern mögliche Szenarien, dass eine stetig steigende Anzahl an Arbeitsplätzen durch Digitalisierung und Robotisierung gefährdet sind. Die Reihe „Fit for future" beschäftigt sich eingehend mit dieser Thematik und bringt zum Ausdruck, wie wichtig es ist, sich diesen neuen Rahmenbedingungen am Markt anzupassen, flexibel zu sein, seine Kompetenzen zu stärken und „Fit for future" zu werden. Der Initiator der Buchreihe Peter Buchenau lädt hierzu namhafte Experten ein, ihren Erfahrungsschatz auf Papier zu bringen und zu schildern, welche Kompetenzen es brauchen wird, um auch künftig erfolgreich am Markt zu agieren. Ein Buch von der Praxis für die Praxis, von Profis für Profis. Leser und Leserinnen erhalten „einen Blick in die Zukunft" und die Möglichkeit, ihre berufliche Entwicklung rechtzeitig mitzugestalten.

Weitere Bände in der Reihe
http://www.springer.com/series/16161

Kristin Scheerhorn

# So gelingt digitale Transformation!

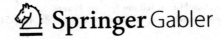

Kristin Scheerhorn
Neu Wulmstorf, Deutschland

Fit for Future
ISBN 978-3-658-27189-3          ISBN 978-3-658-27190-9    (eBook)
https://doi.org/10.1007/978-3-658-27190-9

Die Deutsche Nationalbibliothek verzeichnet diese Publikation in der Deutschen Nationalbibliografie; detaillierte bibliografische Daten sind im Internet über http://dnb.d-nb.de abrufbar.

Springer Gabler ist ein Imprint der eingetragenen Gesellschaft Springer Fachmedien Wiesbaden GmbH und ist ein Teil von Springer Nature.
Die Anschrift der Gesellschaft ist: Abraham-Lincoln-Str. 46, 65189 Wiesbaden, Germany

# Vorwort zur disruptiven Bedrohung

Viele Führungskräfte stehen am digitalen Abgrund. Ihr altes Geschäftsmodel wird von der digitalen Revolution bedroht: Disruption. Die Digitalisierung ist ein disruptiver Erfolgskiller und eine bislang nie dagewesene Erfolgschance gleichzeitig – je nachdem, ob du die digitalen Erfolgsfaktoren kennst und umsetzen kannst. Genau darum geht es auf den folgenden Seiten und in deinem Job.

Denn ganz gleich, in welcher Branche oder Position du heute arbeitest: Digitalisieren müssen wir alle und werden wir alle. Viele tun es jetzt schon – wenig erfolgreich oder nicht schnell genug. Wir können es uns nicht leisten, nicht zu digitalisieren. Nicht, wenn zum Beispiel Künstliche Intelligenzen (KI) Diagnoseverfahren ermöglichen, die eine Fehldiagnose so gut wie ausschließen werden. Das wollen wir nicht? Das wollen wir alle! Einerseits.

Andererseits: Wenn dann in deinem Unternehmen solche mächtigen und superklugen KI's eingeführt werden sollen, werden viele von deinen KollegInnen und Führungskräften reflexhaft sagen: „Och, das muss doch jetzt nicht sein. Läuft doch auch so gut. Die Auftragsbücher sind voll. Ist sicher auch nur wieder so eine Mode. Das geht vorüber.

Das kann mir egal sein. Das kommt bestimmt erst, wenn ich in Rente bin." Wenn es um die digitale Revolution geht, sind wir sehr ambivalent. Einerseits wollen wir Fortschritt, der uns nutzt. Andererseits wollen wir nicht schon wieder so viel Neues lernen. Aus diesem Dilemma erwächst in vielen Unternehmen eine schaumgebremste Digitalisierung und damit eine Bedrohung für Existenz und Erfolg des Unternehmens: Bremsen ist das Gegenteil von Zukunftskompetenz. Dabei fehlt es den meisten Unternehmen nicht an Geld, Know-how oder Manpower, sondern an Veränderungsbewusstsein: Wir sitzen Wandel gerne aus. Wir sind (noch) nicht zukunftsfit.

Viele meinen auch: „Digitalisierung ist Luxus! Schnelles Internet brauchen wir nicht an jeder Milchkanne!" Das ist ein Irrtum: Die deutsche Wirtschaft besteht zu 99 Prozent aus kleinen und großen mittelständischen Betrieben (Statistisches Bundesamt 2019).[1] Wenn diese nicht oder zu langsam digitalisieren, sollten wir unseren gegenwärtigen Wohlstand heute, jetzt, in dieser Minute in vollen Zügen genießen: Geh raus, rauch eine, trink was und hab Spaß! Denn die Show wird bald vorüber sein. Viele Zweite-Welt-Länder sind bei der Digitalisierung viel weiter als wir. Die überholen uns nicht jetzt. Aber in drei bis fünf Jahren. Genau darum geht es in diesem Buch: um Zukunftskompetenz. Um den Erfolg von morgen. Den Erfolg von heute haben wir ja.

Der Erfolg von heute: sehr hohe Beschäftigung, volle Auftragsbücher, Konsumrausch, Wohlstandsgesellschaft, weitgehender sozialer Frieden. Was heißt das? Neben all dem Guten, das damit einhergeht: dass wir bequem geworden sind. „Never change a running system!" ist unser Wahl-

---

[1] Statistisches Bundesamt (2019). https://www.destatis.de/DE/Themen/Branchen-Unternehmen/Unternehmen/Kleine-Unternehmen-Mittlere-Unternehmen/_inhalt.html. Zugegriffen am 14. Juni 2019.

spruch geworden. Hat doch die letzten 30 Jahre auch super funktioniert! Also machen wir es uns auf unseren Lorbeeren bequem, sitzen sie mit wohlstandsgenährtem Hintern platt und belächeln die heutigen, digitalen Pioniere als „Spinner" und „Nerds". Lähmende Zufriedenheit hat sich eingestellt.

Doch gleichzeitig rollt die Burnout-Welle, erklimmt die Zahl der Krankschreibungen aus psychischen Gründen neue Gipfel, verlassen unsere besten Köpfe die Konzerne, gründen Start-ups und fegen neue, digitale Geschäftsmodelle die analogen Saurier vom Markt. Das alles könnten wir uns ersparen. Denn es geht nicht um die (digitale) Technik. Es geht um den Menschen, es geht um uns. Wir sind bei der digitalen Revolution der entscheidende Faktor. Revolutionen werden von Menschen gemacht, nicht von Maschinen. Nicht die neue Technologie macht den Wandel, sondern wie wir damit umgehen. Wenn wir klug damit umgehen, werden wir eine gute Zukunft haben.

Und kluger Umgang bedeutet eben nicht Weggucken, Aussitzen, Abwarten, sondern Mitmachen. Wer nur zuguckt und nicht selber mitmacht, macht sich selber machtlos. Du hast dieses Buch in der Hand, also kann ich dir gratulieren: Du willst mitmachen. Du *wirst* mitmachen. Meinen Glückwunsch. Du wirst eine gute Zukunft haben.

Denn die Zukunft ist digital. Und am Ende dieses Buches bist du fit für diese Zukunft.

## Zusammenfassung

Die digitale Transformation ist ambivalent: Chance und Bedrohung zugleich. Für uns alle. Denn die Digitalisierung „verschont" keinen. Wir alle sind mehr oder weniger davon betroffen. Deshalb nützen Aussitzen und Abwarten nichts. Wer nichts macht, macht sich selber machtlos im Angesicht des Wandels: Der Wandel ist keine Mode. Die Digitalisierung geht nicht mehr weg. Sie bedroht uns alle und kennt nur einen Ausweg: Mitmachen. Wer fit für die Digitalisierung wird, ist fit für die Zukunft. Diese doppelte Fitness vermittelt das Buch.

Neu Wulmstorf, Deutschland                    Kristin Scheerhorn

# Inhaltsverzeichnis

# Über die Autorin

**Kristin Scheerhorn** gilt als Vordenkerin der Digital Excellence. Als Speakerin und ausgewiesene Expertin der Digitalen Transformation leistet sie seit vielen Jahren Pionierarbeit und zeigt Unternehmen und Führungskräften wie sie technologisch, produkt- und servicetechnisch zukunftsfähig bleiben. Ihre Bücher „Digital Winner", „Der Gott des Digitalen", „Der Millennial Schock", „Mein Mann sagt Alexa Gute Nacht" sowie mehrere Fachbeiträge beweisen praxisnah ihre mehr als 25-jährige Industrieerfahrung und Kompetenz, die viele internationale Konzerne, aber auch mittelständische Unternehmen gerne für sich nutzen. Deshalb ist sie eine stark gefragte Sparringspartnerin, die mit den Unternehmen an deren individueller Vision und Strategie arbeitet.

Ihre langjährige Coaching- und Trainings- Kompetenz im internationalen Umfeld sowie ihre mehrere Tausend Teilnehmer in Workshops, Seminaren und Vorträgen rund um die Themen Leadership, Improvement, Innovation und Sales machen sie zu einer der gefragtesten Expertin in ihrer Branche. Ihre Auftraggeber sind global agierende Unternehmen, Weltmarktführer aus dem Mittelstand und Unternehmer, die ihre starke Position im Markt behalten oder ausbauen wollen.

Kristin Scheerhorn committed to Digital Excellence® eröffnet ihren Auftraggebern Perspektiven jenseits dessen, was Führungskräfte und Unternehmer derzeit wissen und hilft ihnen dabei, sich eine gewinnbringende und aussichtsreiche Zukunft zu sichern. Sie begleitet ihre Auftraggeber, um sie zielgerichtet zur Digital Excellence durch Digital Leadership und Organization in eine volatile und digitale Zukunft zu führen.

Ihr Know-how hat die internationale Leadership und Management-Expertin in ihr Digital Winner ® Programm eingebracht. Getreu dem Motto „I make digital more human!" berät und begleitet Kristin Scheerhorn Führungskräfte, Unternehmer und Mitarbeiter bei ihren Ängsten, Vorbehalten und Sorgen und transformiert diese in eine erfolgreiche digitale Zukunft.

# 1

# Der verschlafene Wandel
## Die Digitalisierung killt den Unternehmenserfolg

## 1.1 Viele haben den Strukturbruch (noch) nicht mitbekommen

Von der „Digitalen Revolution" haben wir alle gehört. Oder dass wir in der VUCA-Ära leben, die gekennzeichnet ist durch Volatilität, Unsicherheit, Komplexität und Ambiguität, das heißt Mehrdeutigkeit (Bendel 2019). Deshalb komme es zur Disruption der alten Geschäftsmodelle, hören und lesen wir. Wir hören und lesen es, doch bei vielen hat sich das Denken und Handeln noch nicht entscheidend verändert.

### 1.1.1 Wir sind zu langsam

Viele hören und lesen vom disruptiven Denken in Internet und Medien, schalten das Tablet ab und gehen ins Büro, wo sie immer noch denken, dass sie Jahre Zeit haben, um ihr

© Springer Fachmedien Wiesbaden GmbH, ein Teil von
Springer Nature 2019
K. Scheerhorn, *So gelingt digitale Transformation!*,
Fit for Future, https://doi.org/10.1007/978-3-658-27190-9_1

neues Produkt zu entwickeln oder einen neuen Service auf den Markt zu bringen. Ist das disruptiv gedacht? Dabei demonstriert uns die digitalisierte Welt täglich, wie rasant heutzutage Veränderungen über die Bühne gehen: Was gestern noch undenkbar war, wird quasi über Nacht ein (digitales) Millionenprodukt.

Wir fahren zum Beispiel seit Jahrzehnten Taxi und Bahn und über Nacht kommen Uber und Flixbus mit ihren digitalen Plattformen daher und disrumpieren die komplette Fahrgast-Branche: Die schnellen digitalen Fische fressen die langsamen analogen. Oder auch: Zahnersatz.

Bis vor kurzem fragte mich zum Beispiel meine Zahnärztin, ob ich meine Krone in China anfertigen lassen möchte: „Kommt billiger!" Dauerte dann eben circa drei Wochen. Heute druckt ihre Gemeinschaftspraxis den Zahnersatz mit dem 3D-Drucker aus: praktisch in Echtzeit. Zahnersatz noch am selben Tag. Die Digitalisierung hat in allen Bereichen der Wirtschaft das Tempo auf diese Art und Weise beschleunigt. Wer da nicht mithält, nicht mitdigitalisiert, wird abgehängt. Ist das so schlimm?

Neuerungen gab es doch auch früher schon. Und irgendwie haben wir immer den Anschluss gewahrt. Das stimmt. Doch „irgendwie" gilt heute nicht mehr. Nicht im Zeitalter der Disruption. Früher war der Wandel ein Regionalzug, heute ist er ein ICE. Wer bei den aktuellen digitalen Entwicklungen nicht zügig mitmacht, wird in einem Tempo abgehängt, das früher schlicht undenkbar war. Nicht umsonst spricht man nicht mehr von „Wandel", sondern von „Disruption". Der Unterschied ist simpel, aber gravierend: Das Tempo der Veränderung hat sich verzehnfacht und die Konsequenzen sind deutlich drastischer als früher. Zum Beispiel die Konsequenzen für unsere Arbeitsplätze.

## 1.1.2 Die Berufe von heute sind morgen die Berufe von gestern

Millionen Arbeitsplätze werden bereits jetzt abgeschafft. Chatbots ersetzen Call Center Agents und Kundensupporter. FinTech-Firmen ersetzen mit ihren Algorithmen Finanzanalysten und Kundenberater. Schreibroboter ersetzen SekretärInnen, AssistentInnen, Redakteure und Journalisten. Der Staat wird über kurz oder lang jenen, die von der Digitalisierung abgehängt werden, helfen müssen. Auf Arbeitnehmerseite.

Auf der anderen Seite müssen sich Unternehmen wie immer selber helfen. Sie haben bereits jetzt riesigen Bedarf an neuen Berufen und neuen, digitalen Mitarbeitern: Data Scientists, Social Media Manager, Coder, Programmierer, Analysten … Doch nicht einmal diese „Berufe mit Zukunft" sind die Berufe der Zukunft. Denn wenn die Künstliche Intelligenz (KI) in die nächste Entwicklungsstufe geht, werden viele der brandneuen Berufe bald schon wieder ganz alt aussehen.

Es geht also nicht nur darum, den tobenden Strukturwandel in seinem vollen Umfang und mit ganzer Intensität wahrzunehmen. Es geht vor allem darum, Tempo und Umfang des eigenen persönlichen Wandels zu steigern: Keiner von uns kann sich auf seiner Ausbildung oder Position ausruhen. Wir alle sollten ständig dazulernen (wollen), um mit dem rasenden Tempo der digitalen Veränderung mithalten zu können. Wie du es gerade vormachst: Du liest, also lernst du, also wirst du schneller und damit fit für die Zukunft. So einfach ist das im Grunde. Aber das muss man erst einmal machen. Viele machen es nicht. Viele verschlafen den Wandel. Warum?

## 1.2  Warum wir den Wandel verschlafen

Dass wir digitalisieren müssen, sagt man uns ständig. Die Regierung sagt es uns. Die Konkurrenz und die wissenschaftlichen Studien sagen es. Unser Chef sagt das (schon lange). Die (schnellen) Kunden sowieso. Und trotzdem digitalisieren viele noch zu langsam. Warum? Weil viele Chefs zwar ständig predigen „Wir müssen digitaler werden!", dabei aber ein menschliches Grundbedürfnis übersehen.

### 1.2.1  Das Bedürfnis nach Sicherheit

Das menschliche Grundbedürfnis nach Sicherheit in unsicheren Zeiten wird in kaum einem digitalen Change-Projekt angesprochen, thematisiert oder gar methodologisch berücksichtigt. Leider ist in digitalen Zeiten, die geprägt sind von vielen digitalen Change-Projekten, von denen Menschen sich herausgefordert und verunsichert fühlen, praktisch alles, was zählt, extrem unsicher geworden. Doch verunsicherte Menschen verändern sich nicht oder nur zäh. Deshalb verschlafen sie den Wandel. Nicht, weil sie Schlafmützen wären, sondern weil ihr unveräußerliches Recht auf persönliche Sicherheit verletzt wird.

Wenn sich Führungskräfte oder Politiker beschweren, dass wir den Wandel verschlafen, haben sie also recht – was leider nicht hilft. Besser wäre, sie würden uns helfen, unser Sicherheitsdenken zu modifizieren und zu erkennen:

Stabilität ist nicht Sicherheit. Stagnation ist nicht Sicherheit. Tradition ist nicht Sicherheit. „Weiter wie bisher" ist keine Sicherheit.

Wandel ist Sicherheit.

Die digitale Entwicklung schreitet voran und nur wer mitschreitet, ist vor ihr sicher. Wer stehenbleibt, bleibt im

Regen stehen. Nicht Stabilität ist die Konstante. Ständige Veränderung ist die neue Konstante. Natürlich klingt das alles zunächst provokant. Diese Provokation erfordert einen völlig neuen Mindset, eine neue Denkhaltung. Leider wird sie weder an Schulen noch anderswo gelehrt oder gar trainiert. Nur wer sich ändert, bleibt sich selber treu. Noch so ein Kalenderspruch. Geht es nicht etwas konkreter?

## 1.2.2 Ganz konkret: Vom Contract Manager zum Data Scientist

In einem mittelgroßen Unternehmen arbeitet ein fünfköpfiges Team im Contract Management. Die fünf Contract Manager arbeiten sämtliche Rahmenverträge des Unternehmens mit Lieferanten und Kunden aus. Drei von ihnen braucht man nicht mehr. Drei von ihnen werden von den komplexen Algorithmen eines LawTech-Systemhauses ersetzt. Das Unternehmen kündigt diesen drei Managern aber nicht.

Es bietet ihnen an: „Wir brauchen zwar nicht mehr so viele Contract Manager. Aber dafür mehr Data Scientists und KI-Trainer. Also bieten wir euch die entsprechende Weiterqualifizierung an. Sattelt um! Auf unsere Kosten! Und fangt neu an! Hier im Betrieb!" Was passiert?

Zwei der drei sagen nicht „Danke! Gerne!" Sie sagen: „Das wär ja noch schöner. Wir haben Jura studiert und nicht Informationstechnologie. Wir sind Juristen!" Und demnächst arbeitslos. Weil sie nicht umlernen wollen. Nicht weil sie es nicht könnten. Sondern weil sie nicht wollen. Weil sie nicht flexibel sein wollen. In Zeiten, in denen Flexibilität Schlüsselkompetenz ist. Wer offen für Neues ist, wird überleben.

Wer nicht nach links und nicht nach rechts schaut und alles diesseits und jenseits seiner Kompetenznische zur Terra

Incognita erklärt, hat ein massives Problem in und mit der Zukunft. Das betrifft insbesondere (inflexible) Spezialisten.

### 1.2.3 Generalisten machen das Rennen

In der jüngsten Vergangenheit wurden Generalisten häufig belächelt: „Der/die kann alles – aber nichts richtig!" Das Spezialisten- und Expertentum galt lange als Königskompetenz des Berufslebens und des Karrierewegs. Seit der digitalen Wende schwingt das Pendel zurück: Wer schon immer alles ein wenig konnte, kann jetzt schneller umsatteln. Auf jeden Fall schneller als der Spezialist, der nicht auf Data Scientist umlernen möchte, weil er ja ganz früher mal etwas ganz anderes studiert hat. Wer dagegen vielseitig interessiert ist, tut sich mit dem Wandel leichter. Wer sich im Expertentum suhlt, geht im Pfuhl unter. Die schnellen Fische überholen die langsamen und die flexiblen Fische überleben. Wer gerne öfter mal was Neues anfängt, ist fit für die Zukunft.

## 1.3    Wie wir arbeiten werden

Viele spekulieren noch darauf, dass die Digitalisierung wie vieles vor ihr schlicht eine Mode sei, die irgendwann vorübergehen wird. Wird sie das?

### 1.3.1 Was billiger ist, bleibt

Aus meiner Sicht ist der Kurs klar: Die Digitalisierung kann extrem viel Geld sparen. So eine KI zum Beispiel ist allzeit verfügbar (Pause 2019) – im Gegensatz zu den Arbeitern und Angestellten. Weil die KI 24 Stunden am Tag arbeitet, sieben Tage die Woche, nie krank wird, nie Urlaub nimmt, nie Kunden anmeckert, den Chef ärgert oder einen Bad-Hair-Day hat.

Selbst wenn ein Unternehmen sagen würde: „Ich beschäftige lieber Menschen als Roboter und KI's!", würde es sich das nicht lange leisten können, wenn seine Konkurrenten oder Kunden digitalisieren und so das Unternehmen unter heftigen Druck, unter existenziellen Druck setzen würden: Vogel digitalisier' oder stirb! Wer darauf spekuliert, dass er oder sie die Digitalisierung aussitzen kann, wie vieles zuvor, wird sich diesmal verspekulieren. Viele haben sich bereits verspekuliert, denn die digitale Welt verändert sich, wie erwähnt, in rasendem Tempo.

## 1.3.2 Was sich verändern wird

Jene Berufe, die heute noch als Zukunftsberufe gelten – Analysten, Data Scientists, Coder – werden schon in fünf Jahren kaum mehr gefragt sein, wenn die Künstliche Intelligenz intelligent genug geworden ist, auch diese Berufe zu übernehmen. Dann werden jene, die man heute noch händeringend anheuert, morgen schon kalt lächelnd gefeuert werden. So eine düstere Perspektive passt überhaupt nicht zu den Errungenschaften unserer sozialen Marktwirtschaft. Doch das interessiert eine KI nicht, die künstlich intelligent ist und nicht künstlich sozial. Und nicht nur das wird sich ändern.

Wir werden auch anders arbeiten. Der Trend hat heute schon eingesetzt und wird in Zukunft praktisch zum normalen Beschäftigungsverhältnis werden: Der Job auf Lebenszeit ist passé. Es wird zwar immer noch „Festangestellte" geben, aber auch immer mehr Freie, feste Freie, Freelancer, Clickworker, Gig-Worker, Projektarbeiter und Arbeitsnomaden, die von Auftrag zu Auftrag ziehen, von Projekt zu Projekt, von befristeter Arbeit zu befristeter Arbeit. Das hat Auswirkungen auf Gesellschaft und Lebensentwurf: Zwei Kinder, Haus, zwei Autos lässt sich mit diesem Berufsleben nicht mehr finanzieren. Falls der Staat nicht einspringt. Nur um Missverständnissen vorzubeugen: Ich und du finden das nicht wirklich sozial, angenehm oder bequem. Aber wer fragt uns schon? Die Digitalisierung sicher nicht. Entweder wir werden digifit oder wir gehen unter.

### 1.3.3 Arbeiten – zehn Stunden die Woche

Es gibt bereits jetzt Firmen, die neue Mitarbeiter suchen – für zehn Stunden die Woche. Nebenher, in der Freizeit, wenn der „normale" Arbeitgeber es erlaubt. Und oft tut er das. Weil a) keine Konkurrenz besteht und weil b) so eine „Nebenbeschäftigung" den High Potenzials und Hochleistern seines Betriebs einen Kick bringt, den die „normale" Arbeit schon lange nicht mehr bringt und auf absehbare Zeit nicht bringen wird. Das ist jetzt wirklich kein neues Arbeitsmodell. Das hat die Digitalisierung bloß neu entdeckt.

In vielen Regionen Deutschlands ist es üblich, dass ein hoher Prozentsatz der Beschäftigten in die Fabrik oder ins Büro geht und nach Feierabend und nebenher die Landwirtschaft der Familie als Nebenerwerbslandwirt betreibt. So beträgt der Anteil der Nebenerwerbslandwirte an der Landwirtschaft in einigen Bundesländern bis zu über 60 Prozent (Bundesinformationszentrum Landwirtschaft 2019). Viele der Hobby-Bauern arbeiten getreu dem Motto: „Meinen normalen Job habe ich fürs Geld, den Nebenjob für die Motivation." Zu behaupten, dass die neuen Arbeitsmodelle die Menschen ausbeuten würden, ist deshalb mehr als fraglich. Einmal davon abgesehen, dass „Nebenher-Arbeit" auch gut fürs Unternehmen ist: Der Hauptarbeitgeber motiviert damit seine Leute und bekommt Ideen und Impulse zurück, an die er sonst nie herangekommen wäre. Das Unternehmen, das sie sich stundenweise „ausleiht", bekommt dafür Kapazitäten und Kompetenzen, die es auf dem normalen Arbeitsmarkt nie bekommen würde. Vor allem nicht in Zeiten des Fachkräftemangels. The Boring Company zum Beispiel, die US-Firma, die am Hyperloop mitbaut, „leiht" sich auf diese Weise Mitarbeiter aus. Stundenweise. Nebenher. Und alle sind glücklich damit. Und verdienen gut.

## 1.3.4 Wo wir arbeiten werden

Wo steht deine Teetasse bei der Arbeit? Auf deinem Schreibtisch? Wie – du hast noch einen eigenen Schreibtisch? Auch diesen schaffen derzeit viele meiner Klientinnen und Klienten ab: „Mama, wo arbeitest du heute?" – „Mal sehen: Im Büro ist es nicht und im Labor auch nicht. Was ist heute? Dienstag? Dann bin ich heute im CoWorking Space oder im Lager. Ach nee, ich bin auf der Baustelle oder im Projektbüro." Und der Sohn wirft vielleicht ein: „Wie altmodisch! Ich sitze mit meinem Notebook im Café um die Ecke. Oder ich jette für 35 Euro nach Madrid und such mir dort ein schönes Café aus. Soll grad tolles Wetter dort sein." Für Millionen von Berufstätigen wird es in Zukunft völlig egal sein, von wo aus sie arbeiten. Hauptsache, sie bringen ihre vereinbarte Leistung. Leistung ist der neue Ort. Ein anderes Thema ist die Zeit.

## 1.3.5 Wann wir arbeiten werden

Innerlich orientieren wir uns immer noch an 9 to 5 oder 7 bis 17 Uhr (mit Pausen). In immer mehr Jobs ist es jedoch nicht mehr erforderlich, nach dieser Arbeitszeitregelung aus der Kaiserzeit zu arbeiten. Es geht nicht mehr um die „geregelte Arbeitszeit". Es geht nur noch um Ergebnisse per Abgabetermin. Wo du diese Ergebnisse erzielst, ist aus Sicht des digital transformierten Arbeitgebers so egal wie innerhalb welcher Tagesarbeitszeit du sie erreichst. Du arbeitest, wann du willst. Du fängst morgens um fünf an und arbeitest bis zehn, nimmst den Rest vom Tag frei und legst noch eine entspannte Nachtschicht ein. Oder du bist eine Eule und arbeitest generell nachts, weil du dann am produktivsten bist. Ausnahmen sind natürlich Telefonkonferenzen und Meetings; da besteht Präsenzpflicht.

Doch außerhalb von Telkos und Meetings sollten wir uns von der Präsenzkultur verabschieden. Die Präsenzkultur schärft uns ein: Wer seine acht bis zehn Stunden in der Firma absitzt, kriegt Gehalt. Bald schon werden wir nur noch, sagen wir, sechs Stunden am Tag arbeiten, aber für zehn Stunden Gehalt bekommen. Weil wir mit Hilfe der Künstlichen Intelligenz das Ergebnis für zehn Stunden schon in sechs Stunden schaffen …

## 1.4    Der Dino-Krieg

Schon heute transformieren einige Unternehmen beeindruckend schnell, während andere ebenso beeindruckend langsam unterwegs sind. Neben den bis hierher besprochenen Bremsfaktoren trägt auch der sogenannte Dino-Krieg zum schaumgebremsten Wandel bei.

### 1.4.1    Dinos vs. Millennials

Aktuell zerfallen die meisten Firmen in zwei Firmen: Auf der einen Seite arbeiten die Dinos, auf der anderen die Millennials. Keine Bange! In keinem real existierenden Unternehmen läuft ein leibhaftiger Saurier frei herum. Beide Begriffe sind ironische Bezeichnungen für jene Menschen, die es „nicht so mit Computern und Digitalem haben" und für jene, die praktisch mit dem Smartphone am Schnuller aufgewachsen sind. Dass man letztere „Millennials" nennt, geht darauf zurück, dass viele von ihnen um die Jahrtausendwende (Lateinisch: Millennium) geboren wurden. Doch im Prinzip gibt es in jeder Altersgruppe Digital-Affine und Digital-Skeptiker. Das ist an sich kein Problem. Es sei denn, es bricht Krieg aus.

## 1.4.2  Der Krieg bricht aus

Jedes Unternehmen setzt sich aus unterschiedlichsten Gruppen zusammen: Kaufleute und Ingenieure, Innendienst und Außendienst, Buchhaltung und Verkauf … Wobei die jeweils korrespondierenden Paarungen sich meist in herzlicher Animosität zugetan sind. Das ist der Normalfall. Bei der Paarung „Dinos und Millennials" kommt es zum Krisenfall in zwei Ausprägungen. Entweder blockieren und bekämpfen sich beide gegenseitig. Oder sie leben unverbunden nebeneinander her. Beides sind extreme Bremsfaktoren für den digitalen Wandel.

Obwohl der Dino-Krieg in vielen Unternehmen unterschwellig oder offen tobt, nimmt er momentan noch einen moderaten Verlauf. Jene, die sich nicht bewegen wollen, die an Bewährtem festhalten und am liebsten alles beim Alten belassen würden, machen heute noch in den klassischen Wirtschaftsbranchen die Mehrheit in den meisten Unternehmen aus. Wenn beide Gruppen aneinander geraten, ist das also meist ein sehr ungleicher Kampf: Die Millennials verlieren und damit verliert das Unternehmen den Anschluss an den digitalen Wandel. Das ändert sich gerade.

## 1.4.3  Die Millennials wachsen

Allein schon wegen des demographischen Wandels wächst die Gruppe der Millennials unaufhörlich. Bis 2025 rechnen

Forscher deshalb mit Parität auch in klassischen Branchen. Die Zustände, die dann in paritätisch zerrissenen Unternehmen herrschen könnten, möchte man sich nicht in seinen Alpträumen ausmalen. Muss man auch nicht.

Denn viele Verantwortliche haben erkannt, dass Dinos und Millennials schon heute friedlich co-existieren und produktiv zusammenarbeiten sollten, wenn ein Unternehmen fit für die Zukunft werden möchte. Nur wenn beide gemeinsam in die Zukunft blicken und schreiten, wird was draus. Also versuchen Verantwortliche, beide Gruppen zusammenzubringen; mit welchen erfolgreichen Maßnahmen diskutieren wir später ausführlich (vgl. Abschn. 3.2.6 und 4.2.1).

### 1.4.4  Den Mindset der Kontrahenten verändern

Dass es wegen der Digitalisierung zu Parallelwelten oder Dino-Kriegen in Unternehmen kommt, daran ist der Mindset der Kontrahenten schuld: Beide Gruppen denken, sie seien im Recht und die anderen im Unrecht. Das ist zwar eine menschliche und verständliche Einstellung, doch es ist auch eine Schwarz/Weiß-Ideologie – und wir wissen, dass so eine Ideologie nie zu etwas Gutem führt. Also ändern sie Führungskräfte, die zukunftsfit sind.

Sie verwandeln das „Wir haben recht und die nicht!" in ein „Alle wissen was und alle können was und nur gemeinsam haben wir eine gute Zukunft!" Für diesen Mindset-Wandel muss man kein didaktisches Genie sein. Es ist schon ein guter Anfang, diese neue Denkhaltung ad nauseam zu wiederholen, täglich mehrfach, mit Überzeugung und Konsequenz. Das Ergebnis ist Sozialkompetenz: Beide Gruppen arbeiten nicht mehr neben- oder gegeneinander, sondern miteinander.

## 1.4.5 Vertrauen stärken

Der Dino-Krieg wird oft von einem weiteren Faktor ange-feuert: Misstrauen und Angst. Wenn sich alles um uns he-rum rasend schnell ändert, muss ich darauf vertrauen können, dass ich nicht nächste Woche schon arbeitslos bin. Fehlt dieses Vertrauen, fällt meist auch das Engage-ment der Misstrauischen und Ängstlichen ins Bodenlose. Sie sitzen die Digitalisierung und die Millennials aus. Denn sie haben andere Sorgen, Existenzsorgen. Deshalb sollten Führungskräfte nicht lügen und Arbeitsplatzsi-cherheit vorgaukeln, wo langfristig keine mehr ist. Statt-dessen sollten sie Auftragslage, digitale Transformation und Projektumfänge so offen, klar, transparent, allgemein verständlich, jargonfrei und nachvollziehbar kommuni-zieren wie nur möglich. Mitarbeiter und Dinos sind nicht dumm.

Sie verlangen und erwarten keine 30-jährige Jobgaran-tie mehr. Doch wenn ein Vorgesetzter ein „umfangreiches Großprojekt" ankündigt, das sich kurz danach als Auftrag entpuppt, der nach einem halben Jahr erledigt ist, hat er jedes Vertrauen verspielt, das ihm dann nicht mehr für die Transformation zur Verfügung steht: Er hat unwis-sentlich den Dino-Krieg befeuert und sich damit selbst sabotiert.

# 1.5 Bremsfaktor des Wandels: Das Machtmotiv

Es klingt paradox, doch viele Unternehmen incentivieren (unabsichtlich) nicht den Wandel, sondern das Verschlafen des Wandels. Wie das?

## 1.5.1 Wer für Umsatz belohnt wird, ignoriert den Wandel

Wer für Umsätze, Aufträge und Verkäufe einen Bonus bekommt, schafft Aufträge heran – und lässt die digitale Transformation links liegen. Das ist rational – aus kurzfristiger individueller Sicht. Langfristig und aus kollektiver Sicht betrachtet ist das Firmenselbstmord. Doch wenn das Incentive-System vorne falsch incentiviert, kommt hinten das Falsche heraus. Gemacht wird, was belohnt wird.

Das heißt: Im digitalen Wandel müssen sich auch die Gehalts-, Bonus- und Incentive-Systeme wandeln. Wer den Wandel will, kann und darf nicht ausschließlich Umsätze belohnen. Das hilft dem Wandel nicht. Zukunftsfitte Führungskräfte fragen sich deshalb:

* Fördern unsere Anreizsysteme den Erfolg, den wir in Zukunft wollen?
* Oder lediglich den gegenwärtigen Erfolg?
* Behindern unsere Boni etwa jetzt schon den Wandel?
* Denken alle immer nur an ihren Jahresbonus, nicht aber an die Transformation? Weil der Wandel nicht boniert wird?

Und was für den Bonus gilt, gilt selbstverständlich auch für die Insignien der Macht.

## 1.5.2 Behindern die Insignien der Macht den Wandel?

Dienstwagen, Eckbüro, Sekretärin – und die Führungskraft ist zufrieden. Wegen der erworbenen Statussymbole. Nicht wegen der erfolgreichen Transformation. Status ist Macht. Wandel bedroht beides. Also arbeiten machtorientierte Führungskräfte praktisch hinter ihrem eigenen Rücken gegen die Transformation: Jacke ist näher als Hose. Macht schlägt Wandel. Macht bedeutet Machterhalt, nicht Wandel. Wer seine Macht erhalten will, zählt zum Beispiel morgens bei Dienstantritt die Häupter seiner Lieben. Denn wer mehr Mitarbeiter hat, ist wichtiger, hat mehr Bedeutung, Einfluss und Macht. So ein Vorgesetzter genehmigt kein oder nur zähneknirschend Home Office (das für den digitalen Wandel so charakteristisch wie nötig ist). Denn dann fällt der morgendliche Headcount geringer aus und das schädigt seine Macht. Wer seine Macht, seine Bedeutung und seinen Status pflegt, pflegt Macht, Bedeutung und Status – und transformiert höchstens nebenher, wenn zwischen zwei Meetings noch Zeit ist.

Der Machtmotivierte studiert das Dienstwagenpaket und nicht die Erfordernisse der Zukunftskompetenz. Während Millennials sagen: „Ich will doch keinen Firmenwagen! Warum gebt ihr mir kein E-Bike? Oder eine Bahn Card?" Bleibt das Unternehmen die Antwort schuldig, ist der Millennial weg – oder heuert gleich gar nicht bei so einer Firma an. Denn digital affine Menschen denken (und sagen): „Wenn schon solche kleinen Selbstverständlichkeiten in dieser Firma nicht funktionieren, wie sieht es dann erst bei den großen digitalen Dingen aus?"

## 1.5.3 Das Denkverbot der Heiligen Kühe

Viele Millennials erzählen: „Wenn man die Digitalisierung konsequent weiterdenkt, dann ist völlig klar, dass bis in zehn Jahren niemand mehr unser Produkt will. Das haben wir auch der Geschäftsführung gesagt. Hat sie uns für unseren Weitblick gedankt? Unsere alternativen digitalen Geschäftsmodelle diskutiert? Unsere Zukunftsfitness gelobt? Nein, sie hat uns fast abgemahnt!" Denn sowas darf man nicht sagen. Das gegenwärtige Geschäftsmodell ist die

Heilige Kuh, die man nicht antasten darf. Die Geschäftsführung dachte: „Die wollen unsere Kuh schlachten!" Glücklicherweise ist die Krise in diesem Unternehmen inzwischen beigelegt. Inzwischen hat man sich – auch dank externer Moderation – zusammengerauft, indem man sich die nötigen Schlüsselfragen gestellt hat:

- Wie kommen wir vom Gegen- zum Miteinander?
- Wie können wir das alte Geschäftsmodell bewahren und verändern, ohne das neue zu verbieten?
- Wie schaffen wir einen fließenden Übergang von Alt nach Neu?
- Was brauchen wir dafür? Wen brauchen wir dafür? Was kostet das? Wie lange dauert das?
- Wie denken wir neue Geschäftsmodelle an, ohne unser altes, bewährtes Modell abzuwerten oder gar zu kannibalisieren?
- Wie müssen wir über das Neue reden, damit die Vertreter des Alten nicht den Eindruck bekommen, dass alles, was sie bislang gemacht haben, falsch ist?
- Wie müssen wir über das Alte reden, ohne dass die Vertreter des Neuen den Eindruck bekommen, sie würden die Heilige Kuh schlachten?

Jeder Mensch, der länger als zwei Jahre im Beruf steht, findet auf diese Schlüsselfragen des Wandels vernünftige Antworten. Idealerweise gemeinsam mit allen anderen. Gelingt dir das, dann verschwinden Angst, Skepsis, Neid, Missgunst und Wagenburgen in wenigen Wochen. Dann wächst auch das Neue. Denn dann ist das Denkverbot aufgehoben.

## 1.6    Die Arroganz des Erfolgs

Dass Erfolg ein Bremsfaktor des Wandels und ein Stolperstein für Zukunftsfitness ist, überrascht manche. Dabei ist der Zusammenhang klar, deutlich und fatal.

Erfolg hat viele phantastische und gute Seiten. Er hat aber auch Schattenseiten. Er kann süchtig machen. Und dumm. Dumm im Sinne von arrogant. Wem der eigene Erfolg zu Kopfe steigt, der/die geht implizit, reflexhaft und unbewusst oft davon aus, dass er/sie genau weiß, wie der Hase läuft – denn sonst hätte er/sie doch nie diesen beeindruckenden Erfolg!

Und mit dieser überzogenen Selbstsicherheit fällt der/die arrogant Erfolgreiche dann aus dem Stand und der Hüfte Urteile natürlich auch über die digitale Transformation: „Das wird nicht so heiß gegessen, wie es gekocht wird!", „So schnell kommt das nicht!", „Wir sind doch schon ziemlich gut digital aufgestellt. Immerhin hat unser kompletter Außendienst Tablets!", „Unsere Auftragslage ist blendend, es ist kein Abschwung in Sicht, der Laden läuft – warum sollte das nicht so weitergehen?" Weil das eine arrogante Fehleinschätzung ist. Weil die digitale Transformation alles verändert. Wer den Status Quo für die Zukunft hält, begeht einen Denkfehler. Der Erfolg von gestern ist eben nicht länger der Erfolg von morgen. Arroganz, auch wenn sie unbewusst ist, ist keine Zukunftskompetenz. Sie ist das Gegenteil von Zukunftsfitness.

## 1.7   Mittelmaß ist keine Fitness

Warum verschlafen so viele den Wandel? Weil sie es so machen wie eine Topmanagerin eines mittelgroßen Unternehmens, die nach Zürich zu einem Kongress mit vielen anderen Unternehmen fliegt. Als sie zurück kommt, berichtet sie der Geschäftsleitung fröhlich: „Und was die digitale Transformation angeht: Da müssen wir uns keine Sorgen machen. Die anderen Unternehmen, die auch in Zürich waren, sind ebenfalls noch überhaupt nicht weit gekommen. Wie wir. Wir sind gutes Mittelmaß!" Daraufhin sagt die Geschäftsführerin: „Mittelmaß beruhigt mich nicht.

Was heute Mittelmaß ist, ist morgen Abstiegskandidat. Ich will ins obere Tabellendrittel! Erst dann sind wir zukunftsfit!" Da hat sie absolut recht – was aber nicht viel nützt.

Denn der Schmerz wegen des Wandels ist in ihrem Topmanagement offenbar so groß, dass ihre TopmanagerInnen schon mit bloßem Mittelmaß zufrieden sind. Das ist kein aktiver Umgang mit dem Wandel. Mittelmaß ist praktisch Aussitzen. Und Aussitzen ist Absteigen. Wer will das? Mittelmaß kann kein Ziel sein. Oder hast du jemals einen Manager, eine Managerin bei der Zielvereinbarung sagen hören: „Unser Ziel ist reines Mittelmaß!" Dieser Satz existiert nicht im Management-Sprachgebrauch.

Natürlich ist es für Ambitionslose ungemein tröstlich, mit vielen anderen im Mittelmaß zu dümpeln: Man ist in guter Gesellschaft. Nur ist die Gesellschaft nicht gut, weil Mittelmaß nicht überlebt. Wer hoch zielt, erreicht manchmal nicht seine hohen Ziele. Aber er und sie entkommt auf jeden Fall dem Mittelmaß. Es ist wie mit der körperlichen Fitness: Mittelmaß ist Couch Potato. Nur wer sich hohe Ziele steckt, wird fit – zukunftsfit.

## Zusammenfassung

Viele ManagerInnen, Unternehmer und Führungskräfte verschlafen den digitalen Wandel und die damit einhergehenden Strukturbrüche. Sie hören und lesen davon, passen ihr Denken und Handeln aber nicht (schnell genug) an. Doch nur wer schnell und umfänglich in Gang kommt, wird fit für die Zukunft. Wer im Wandel das Bedürfnis der Menschen nach Sicherheit beachtet und in einen neuen Zusammenhang setzt. Wer auch mal komplett umsattelt. Oder wer von Haus aus eher Generalist als Spezialist ist. Denn in Zukunft wird sich unser Arbeitsleben komplett ändern. Sowohl wo, als auch wann wir arbeiten werden.

Wer die Handbremse des Wandels lösen möchte, sollte den Dino-Krieg beenden, Machtmotive umleiten und die Präsenzkultur überwinden.

## Literatur

Bendel, O. (2019). https://wirtschaftslexikon.gabler.de/definition/vuca-119684/version-368877. Zugegriffen am 14.06.2019.

Bundesinformationszentrum Landwirtschaft. (2019). https://www.landwirtschaft.de/landwirtschaft-verstehen/wie-funktioniert-landwirtschaft-heute/was-ist-eigentlich-ein-nebenerwerbslandwirt/. Zugegriffen am 14.06.2019.

Pause, C. (2019). https://www.haufe.de/taxulting/prozessmanagement-und-ki-in-der-steuerberatung_484580_486718.html. Zugegriffen am 14.06.2019.

# 2

# Der neue Mindset: Wie die Zukunft denkt

## „Die Auftragsbücher sind voll!" ist keine Entschuldigung

Keine(r) von uns ist neu im Beruf. Wir alle haben Erfahrung, wir kennen uns aus. Auf dem Hintergrund dieser langjährigen Erfahrung beurteilen wir logischerweise auch neue Ideen wie die Digitalisierung. Aufgrund unserer Kompetenz und Seniorität bewerten wir auch die Digitalisierung. Wir bewerten sie, wie wir alles im Beruf beurteilen. Weil wir uns damit auskennen! Das tun wir nur leider nicht – wenn es um die Digitalisierung geht.

## 2.1 Wir beurteilen, was wir nicht beurteilen können

Die Digitalisierung ist viel zu neu, in ihrer Entwicklung zu rasant, in ihrer Anwendung zu komplex und in ihren Folgen zu weitreichend, als dass wir uns damit ausreichend auskennen könnten. Wir beurteilen also etwas spontan und intuitiv, das wir mangels Expertise im Grunde nicht beurteilen

© Springer Fachmedien Wiesbaden GmbH, ein Teil von Springer Nature 2019
K. Scheerhorn, *So gelingt digitale Transformation!*,
Fit for Future, https://doi.org/10.1007/978-3-658-27190-9_2

können. Wir bemerken unser Fehlurteil jedoch meist nicht, weil wir unseren spezifischen Mangel an Wissen in der Regel nicht erkennen können oder wollen.

## 2.1.1 Erfahrung kann auch täuschen

Wir können zum Beispiel die Entwicklungsgeschwindigkeit der digitalen Technologien nicht korrekt einschätzen, weil wir uns zu wenig mit den verkürzten Entwicklungszyklen dieser Technologien auskennen und urteilen voreilig, aber meist völlig von unserem Urteil überzeugt: „So schnell kommt das alles gar nicht!" Manchmal erkennen die eigenen Mitarbeiter den Irrtum noch vor ihrem Chef. Wenn ich vertraulich mit ihnen rede, sagen manche: „Unser Chef ist noch von der alten Garde. Kann gerade seinen PC an- und wieder ausschalten, aber versucht uns einzureden, dass wir von der Digitalisierung verschont bleiben würden – da passt doch was nicht zusammen! Wieso sagt der Chef das?" Weil er (oder sie) der eigenen Rolle auf den Leim gegangen ist.

Normalerweise sagt der Chef, wo's langgeht. Und wer das einige Jahre gemacht hat, ist es derart gewohnt, dass er es selbst dann tut, wenn er seinen Kompetenzbereich verlassen hat. Obwohl er kaum erkennen kann, welche digitale Technologie sich tatsächlich wie schnell entwickelt. Weil er keine Zeit hat, die stürmische Entwicklung im Auge zu behalten. Er denkt unwillkürlich: „So wie ich die Dinge sehe, so sind sie auch!" Er sieht aber lediglich zehn Prozent der digitalen Welt – weil sie sich so schnell entwickelt und noch relativ unübersichtlich ist. Viele Chefs halten sich für Experten, obwohl sie keine sind – bis sie von der stürmischen Entwicklung, der Konkurrenz, den eigenen Kunden oder Mitarbeitern unsanft auf den Boden der digitalen Realität zurückgeholt werden. Bitte warte nicht, bis es so weit kommt! Halte dich mit deinen Urteilen über die Digitalisierung souverän zurück. Viele tun das nicht. Das ist nicht immer ihre Schuld. Oft liegt es auch an einem Luxus-Phänomen.

## 2.1.2  Luxus fördert Fehlurteile

In vielen Branchen und Unternehmen sind die Auftragsbücher randvoll. Manche sind auf ein, zwei Jahre ausgebucht. Kein Wunder, dass sie von den eigenen Produkten, Services und Geschäftsmodellen begeistert sind, darauf vertrauen und den Luxus der gut gefüllten Bücher in vollen Zügen genießen. Leider verzerrt dieser Luxusgenuss auch das eigene Urteil: „Disruption? Welche Disruption? Wir merken nichts davon! Denn unsere Auftragsbücher sind voll!"

Das erinnert an den Mann, der vom Dach eines Wolkenkratzers fällt und sich beim Vorbeisausen jeder Etage nach unten sagt: „Ich weiß nicht, was das Gekreische der Passanten auf dem Gehweg unten soll: Es läuft doch alles super bis jetzt!"

Scherz beiseite: Dass aktuelle Produkte und Services wie geschnitten Brot laufen, heißt eben nicht, dass nicht irgendwo in einem Start-up oder einer BigTech-Firma bereits ein digitales Substitut-Produkt in der Pipeline ist, das die eigenen, aktuellen und analogen Produkte exakt in jener Sekunde obsolet macht, in der es auf einen begeisterten Markt trifft. Doch genau das passiert derzeit in vielen Branchen. Es passiert in den einzelnen Branchen – es passiert jedoch nicht allen Unternehmen gleichermaßen. Manche Unternehmen und Führungskräfte werden nicht disrumpiert. Warum nicht?

## 2.1.3  Das eigene Urteil verbessern: Disruptiv denken

Ein Schienenverkehrsbetrieb in einer strukturschwachen Region unterhielt jahrzehntelang mehrere Verbindungen, auf welche die Bevölkerung wegen der Strukturschwäche dringend angewiesen war, was bedeutete: Seine Regionalzüge waren immer gut ausgelastet. In dieser Luxuslage sagte ein junger Manager: „Aber was, wenn es der Schiene bald so geht wie den Taxis? Wenn es bei uns auch einen Uber gibt?" Das Senior Management beschied ihm: „Don't rock the boat! Seien Sie ein guter Teamplayer und machen Sie die Gäule nicht scheu!" Dann kam Flixbus und halbierte praktisch die Fahrgastzahlen. Warum? Weil zwar der Jungmanager, nicht aber das Senior Management disruptiv dachte.

Genau auf diese Weise sollten wir auch in der Digitalisierung denken: „Was, wenn bald schon niemand mehr unser Produkt will, weil ein digitales Angebot viel besser ist?" Dann könnte man auch selber dieses digitale neue Angebot entwickeln – aber nur dann, wenn man so disruptiv denkt, dass man selbst in den Worst Case (oder die Best Chance) mutig hineindenkt. Wer Denkverbot erteilt („Don't rock the boat!"), erteilt mit dem Denk- auch ein Zukunftsverbot. Zukunft lässt sich jedoch nicht verbieten.

## 2.1.4 Disruption ist kein Tabu

Viele Verantwortliche schließen implizit, meist unbewusst, sozusagen hinter dem eigenen Rücken die totale digitale Disruption ihres Geschäftsmodells völlig aus. Weil sie davon ausgehen: „Wir sind da, wir waren schon immer da, die Auftragsbücher sind voll – also werden wir auch künftig da sein!" Auch Nokia dachte so. Das ist verständlich, aber nicht nützlich.

Man sollte zumindest beim eigenen Denken mutig sein und disruptiv fragen: „Was könnte uns komplett vom Markt werfen? Wie und womit vermeiden wir das?" Wir sollten diesen Gedanken nicht nur ganz pauschal anstellen, sondern hoch spezifisch.

## 2.1.5 Spezifisch disruptiv denken

Es fällt den meisten von uns schwer, an den Worst Case oder The Next Big Thing zu denken. Manchmal klingt uns noch Großmutters Appell im Ohr: „Du musst nicht immer gleich das Schlimmste befürchten!" Oder: „Bleib mal auf dem Boden!" Das sind kluge Ratschläge, die in normalen Zeiten normalerweise auch nützlich sind. Wir leben nur leider oder glücklicherweise nicht in normalen, sondern in disruptiven Zeiten. Und in disruptiven Zeiten ist disruptives Denken, ist ein disruptiver Mindset eine Schlüsselkompetenz. Also frag dich, am besten im Team, am besten einmal im Monat:

- Was könnte unser Geschäftsmodell komplett vom Markt werfen?
- Welche Produkte und Services könnten schon bald veraltet sein?
- Wer könnte sie womit bedrohen?
- Was bedroht meinen Bereich, meine Abteilung, meine Projekte, meine Funktion und Position?
- Und wo liegen in all jenen Bedrohungen meine und unsere Chancen, wenn wir den Spieß umdrehen und aus den Bedrohungen und Risiken zukunftsweisende Optionen, Innovationen und neue Geschäftsmodelle machen?

## 2.1.6 Dem Denken einen Rahmen geben

Natürlich fällt es schwer, in der Hektik des Alltags solche im Sinne des Wortes revolutionären Gedanken zu verfolgen. Dafür braucht es Zeit und einen formalen Rahmen, zum Beispiel in Form eines Workshops oder einer sogenannten Zukunftswerkstatt.

In so einer Werkstatt geht es – wenn sie gut läuft – sehr lebhaft zu. Ich erinnere mich, wie ein Supply Manager während so einer Veranstaltung eher besorgt als provokativ fragte: „Was, wenn in fünf Jahren die Künstliche Intelligenz 90 Prozent der Beschaffung übernimmt? Dann sind 90 Prozent von uns im Einkauf ohne Job." Worauf der anwesende Chief Procurement Officer meinte: „Dann haben wir wenigstens endlich genügend Leute für unser Supplier Development – das hängt nämlich besonders in Asien übel in der Luft." So macht man Chancen aus Bedrohungen, steigert die Motivation und die Loyalität der Mitarbeiter, gibt Jobsicherheit und entwickelt neue Strategien. Indem man ganz einfach, aber eben nicht ganz leicht bis in den Worst Case oder die Best Chance hineindenkt.

## 2.2  Das neue Denken

Viele wollen verständlicherweise in guten Zeiten nicht an Schlimmes denken – oder an neue Chancen. Die alten Chancen reichen ja noch für gefüllte Auftragsbücher. An Disruptives wird daher oft nicht einmal gedacht. Das Problem ist: Jene, die etablierte Branchen auf den Kopf stellen, denken seit Jahren ununterbrochen, mit extremer Geschwindigkeit, immensen Technologiesprüngen und oft mit Milliardenbudgets äußerst disruptiv. Unter anderem Amazon und Google dachten und denken so und viele in den betroffenen Branchen eben nicht – genau deshalb gibt es Amazon, Google und viele neue Tech-Firmen. Und genau deshalb haben sie solchen Erfolg: Disruptives Denken zahlt sich aus – mit extrem hoher Rendite.

## 2.2.1 Disruptives Denken ist der Treiber der neuen Zeit

Früher haben wir linear extrapoliert – und lagen damit richtig. Denn Wirtschaft und Technologie entwickelten sich – abgesehen von seltenen Quantensprüngen und Krisen – mehr oder weniger linear. Die heutige Welt leider oder glücklicherweise nicht mehr. Wenn also die Welt sich geändert hat, sollte sich auch unser Denken entsprechend ändern: Denken wir disruptiv!

Wer nicht disruptiv denkt, wird selber leider oft disrumpiert. So einfach ist das – aber es ist eben nicht leicht. Es ist nicht leicht, das Denken, das man praktisch seit Geburt pflegt, plötzlich zu ändern. Auch deshalb hört man in Unternehmen bei der Diskussion der Digitalisierung so oft: „Warten wir erst mal ab! Das wird nicht so heiß gegessen wie es gekocht wird. So schnell geht das sicher nicht!" Wer disruptiv denkt, sagt etwas anderes.

## 2.2.2 Prinzipien disruptiven Denkens

Während die herausragenden Grundsätze des alten, analogen und saturierten Denkens Beschwichtigen, Bezweifeln und Bremsen zu sein scheinen, richtet sich disruptives Denken an Prinzipien aus wie:

- Wir denken alles, was gedacht werden kann! Statt: Wir denken in gewohnten Bahnen.
- Es gilt absolute Gedankenfreiheit. Keine Denkverbote, keine Tabus! Statt: Wir denken nur über das nach, was der offiziellen Linie entspricht.
- Jeder darf alles denken! Statt: Überlassen Sie das Denken den Pferden, die haben größere Köpfe!

- Über alles kann gesprochen werden! Statt: Sag das bloß nicht laut! Sonst hört es womöglich noch der Chef!
- Je disruptiver, desto besser. Statt: Don't rock the boat!
- Wir stellen uns täglich selbst in Frage. Statt: Keine Nestbeschmutzer!
- Wir erfinden täglich neue Geschäftsfelder und -modelle! Statt: Das ist nicht unsere Kernkompetenz!

### 2.2.3 Praxis disruptiven Denkens

Disruptives Denken denkt auch Themen voraus, die im analogen Mindset tabu sind. Wer disruptiv denkt, spielt angesichts von Technologie-Quantensprüngen selbstverständlich auch mit dem Gedanken: Was, wenn wir den alten Laden komplett dichtmachen und was ganz Neues anfangen?

Dieser Gedanke ist nicht verboten – wie im alten Mindset – sondern im neuen Mindset sogar zwingend. Denn die digitalen Technologien revolutionieren bereits komplette Branchen und verdrängen reihenweise alte Geschäftsmodelle. Seit der Erfindung der Blockchain ist zum Beispiel fraglich, ob es in einigen Jahren überhaupt noch Banken und Versicherungen heutiger Prägung geben wird. Bereits heute beantragen und bekommen sogar Industrieunternehmen eine Banklizenz. Gedacht werden muss also, was gedacht werden kann. Das wird vielen Führungskräften nicht schmecken – es sei denn, sie verändern ihr Führungsverhalten: Digital Leadership.

## 2.3 Digital Leadership im neuen Mindset

Wenn Mitarbeiter die eigene Firma in Frage stellen, wurden sie bislang vom Vorgesetzten gemaßregelt. Im neuen Mindset werden sie dafür gelobt.

## 2.3.1  Neue Führung für neue Ideen

Neues Denken bedarf neuer Führung. Die eigene Führungs-kompetenz digital upzugraden, fällt vielen Führungskräften nicht leicht. Es bedarf der persönlichen Entwicklung und der Weiterentwicklung der eigenen Führungsfähigkeit,

- um subversives Denken von Mitarbeitern und Kollegen positiv aufzunehmen, anzuerkennen, ja es zu fordern und zu fördern.
- um nicht nur Mitarbeiter mit Stallgeruch einzustellen, sondern auch Quereinsteiger und Querdenker, die frischen Wind ins Unternehmen bringen können.
- um auch mal einen Preis für „Die bescheuertste Idee des Monats" auszuloben.
- um diese ausgefallenen, disruptiven und wegweisenden Ideen in Arbeits- und Projektgruppen weiterzuverfolgen und zu realisieren.
- um für all das gutes Geld auszugeben und Ressourcen freizumachen.
- um dafür auch neue, digitale Methoden wie Sprint (vgl. Abschn. 3.2.11) oder Minimum Viable Product (vgl. Abschn. 3.2.12) einzusetzen.

Es ist interessant, Führungskräfte beim Erwerb dieser neuen Führungsfähigkeiten zu beobachten und zu begleiten. Interessant ist unter anderem die Entwicklungsgeschwindigkeit. Manche lernen es binnen Tagen, andere binnen Wochen, wieder andere benötigen Monate, bis der eigene Führungsstil in der digitalen Ära angelangt ist.

## 2.3.2  Das übliche Zeitproblem

Natürlich kostet das Verfolgen von „verrückten" Ideen Zeit, die man nicht hat, wenn die Auftragsbücher voll sind.

Glücklicherweise gilt auch hier das Prinzip, das alle subversiven Disruptiven kennen und praktizieren: Niemand *hat* Zeit – es sei denn, man *nimmt* sie sich. Warum nehmen und geben sich einige Führungskräfte und Unternehmen diese Zeit?

Weil es großen Spaß macht, neue Ideen zu verfolgen – und oft großen Erfolg. Bei Menschen, die disruptiv denken, fällt auf, dass ihr persönlicher Mindset zum disruptiven Mindset passt. Das erkennt man an Bekenntnissen wie:

- „Immer nur denselben Aufträgen hinterher zu rennen, ist auf Dauer doch öde."
- „Man muss auch mal was ganz Verrücktes anstellen, damit die Arbeit wieder Spaß macht."
- „Natürlich haben wir dafür auch Zeit, notfalls nach Feierabend. Denn das bringt uns doch weiter!"
- „Ich freue mich, wenn ich jeden Tag etwas Neues dazulernen kann."
- „Bei uns waren Tradition und Innovation noch nie Gegensätze."

## 2.3.3 Aus der falschen Sicherheit herausführen

Wenn nicht alle Mitarbeiter so disruptiv denken, wie sie sollten, kann das außer an der knappen Zeit auch am altbewährten Sicherheitsdenken liegen. Viele denken insbesondere in unseren unsicheren Zeiten: „Wenn ich am Bekannten festhalte, gibt mir das Sicherheit, weil mir dann nichts passieren kann!" Es ist Aufgabe des Digital Leader, sie von diesem Irrtum abzubringen und sie davon zu überzeugen: Früher war Tradition = Sicherheit. Heute ist Sicherheit = permanentes sich selbst und das Unternehmen in Frage zu stellen.

Nur wer das eigene Tun hinterfragt, übernimmt Verantwortung fürs eigene Unternehmen – bevor andere das tun, die weitaus disruptiver denken.

## 2.3.4  Vorgesetzte mit neuem Rollenverständnis

Viele Vorgesetzte führen ex- oder implizit mit der Haltung: „Überlasst das Denken den Pferden, die haben größere Köpfe!" Sie halten ihre Mitarbeiter klein und legen keinen Wert auf ihre Gedanken und Vorschläge. Weil sie der Chef sind und nur der Chef sagt, wo's langgeht. Das hat bislang nicht schlecht funktioniert.

Der Haken ist: Jetzt funktioniert es nicht mehr. Im Zeitalter der Disruption sollten auch und gerade die Mitarbeiter disruptiv denken – was zum Beispiel die arthritische Ineffizienz vieler ihrer Arbeitsprozesse angeht. Doch Mitarbeiter, die jahrelang klein gehalten und vom Denken abgehalten wurden, können das schlicht nicht mehr oder noch nicht. Sie haben buchstäblich das Denken verlernt. Wer bislang auch nicht das kleinste Tüpfelchen an seinem Arbeitsplatz in Frage stellen durfte, stellt doch nicht über Nacht das komplette Geschäftsmodell des eigenen Unternehmens in Frage! Das muss erst erlernt werden. Wie?

## 2.4   Denken lernen

Oft beschweren sich Führungskräfte: „Unsere Mitarbeiter sind zu passiv und denkfaul! Die machen nicht mit, denken nicht ans Ganze, denken nicht radikal genug!" Weil sie es nicht wollen? Nein, weil sie es (noch) nicht können.

## 2.4.1 Gib Gedankenfreiheit!

Führungskräfte, die ihren Mitarbeitern das (disruptive, ei-
geninitiative) Denken erfolgreich wieder beigebracht haben,

- haben Räume dafür geschaffen; also spezielle Formate
  wie Gruppengespräche, regelmäßige Meetings, Arbeitsgruppen für Digitalisierung und Innovation oder einen
  speziellen Jour fixe.
- haben das nötige Vertrauen geschaffen, dass Denken
  jetzt wieder erlaubt ist.
- haben also zum Beispiel neue Ideen von Mitarbeitern
  überproportional gelobt, um jenseits jeden Zweifels zu
  demonstrieren: „Ich fordere nicht bloß neues Denken –
  ich belohne das auch!"
- haben das lange genug durchgezogen, damit die Mitarbeiter erkannt haben: „Das ist nicht bloß eine vorüberge-
  hende Mode, das bleibt jetzt so!"

Auf diese Weise lernen Mitarbeiter (wieder), dass Querden-
ken und Infragestellen keine negativen Folgen mehr haben
wie in der Vergangenheit, sondern jetzt sogar Schlüssel-
kompetenzen der digitalen Ära sind.

## 2.4.2 Anders denken heißt anders arbeiten

Am schnellsten und nachhaltigsten lernen Mitarbeiter den
neuen Mindset, wenn du sie nicht wie bislang vielleicht üblich lediglich ihre Aufträge und Aufgaben abarbeiten lässt.
Sondern indem du ihnen auch regelmäßig Freiräume gibst,
aus dem üblichen Trott auszubrechen, Sonderprojekte zu
verfolgen, auch mal prima facie bescheuerte Ideen anzuge-
hen. Und wenn jemand mitten in der eigentlichen Arbeit
eine Idee hat, die mit der eigentlichen Arbeit nichts zu tun

hat? Dann wird das nicht verboten oder verdrängt, sondern andiskutiert und dokumentiert. Fünf, zehn Minuten für eine erste Sicherung der neuen Idee entsprechen ganz dem neuen Mindset. Das lohnt sich, weil es a) neue Ideen erzeugt, b) den neuen Mindset festigt, c) das Unternehmen voranbringt und d) extrem motivierend wirkt.

## 2.4.3 Strategie gehört uns allen!

Der alte Mindset hat das Denken strategisch begrenzt: Früher wurde als normal betrachtet, wenn das Führungsteam wusste, wohin es geht, was die langfristige Strategie des Unternehmens, des Bereichs, der eigenen Abteilung ist. Aus dieser lediglich einer Führungselite umfassend bekannten Strategie wurden dann die Ziele abgeleitet, die der Mitarbeiter zu verfolgen hatte – ohne das Big Picture zu kennen: „Es reicht, wenn die Führungskräfte das kennen. Der Rest soll einfach machen, wofür er bezahlt wird." Das funktioniert in Zeiten des rasanten Umbruchs leider nicht mehr oder nicht mehr gut.

In Zeiten der großen Umbrüche und des schnellen Wandels sollten alle das große Ganze kennen. Nur dann kannst du dich darauf verlassen, dass auch die ganze Belegschaft gute Ideen entwickelt und sinnvolle Beiträge zum großen Ganzen leisten kann. Und dass du die Schwarmintelligenz, The Wisdom of the Crowd nutzen kannst. Also sprich über die (neue) Strategie. Mit allen!

## 2.4.4 Sprich darüber!

Es reicht nicht mehr, nur über die eigentliche Arbeit zu sprechen. Die Kommunikation über das große Ganze und die Digitalisierung ist mindestens ebenso wichtig geworden.

Wichtig ist auch, dass diese Kommunikation nicht in der Lehmschicht zwischen ganz unten und ganz oben stecken-bleibt; die vertikale Kommunikation sollte durchgängig und reibungsarm gewährleistet sein. Überzeug dich regel-mäßig davon, indem du nachschaust und -hörst, was ganz unten und ganz oben tatsächlich an Information ankommt. Ich weiß, das kostet Zeit.

Aber nicht so viel Zeit, wie viele befürchten. Man kann auch in zehn Sekunden zwischen Tür und Angel herausfin-den, ob und wie der tagesaktuelle Zustand der Kommuni-kation aussieht. Außerdem ist diese Zeit gut investiert. Denn nur so kannst du deine Mitarbeiter in die neue Zeit mitnehmen. Nur über den Austausch mit ihnen kannst du feststellen:

- Wie hoch ist ihr digitaler Reifegrad im Denken, Wissen und Handeln?
- Wie zukunftsfit sind sie bereits?
- Was braucht es noch zusätzlich an digitalem Wissen (siehe Kap. 3) und digitalen Skills (siehe Kap. 4)?

## 2.4.5 Sprich über Offenheit!

Wer das neue Denken lernen möchte, sollte Offenheit ge-genüber Neuem lernen. Deshalb ist es wichtig, dass du im Gespräch herausfindest:

- Wenn neue Ideen und Impulse kommen – wie gehen wir im Alltag tatsächlich damit um?
- Wird das im Keim erstickt? Abgewertet? Ignoriert? Auf später verschoben? Belächelt?
- Sind Killersprüche zu hören wie „Das bringt doch nichts!" oder „Kümmern Sie sich um Ihre eigene Arbeit!"?

- Oder sind alle grundsätzlich bereit, sowohl Anregungen einzubringen wie auch sich damit konstruktiv auseinanderzusetzen?
- Auch wenn die Ideen prima facie noch so abstrus sind?

Kein Zweifel: Für viele Unternehmen sind solche Fragen revolutionär. In deinem auch? Dann seid ihr auf dem richtigen Weg.

## 2.5    Mut in allen Facetten

Dir ist bei der Lektüre vielleicht schon der Verdacht gekommen, dass der neue Mindset ganz schön viel Mut erfordert. Nicht nur Mut zu Neuem, sondern auch Mut zur Unsicherheit.

### 2.5.1  Mut zur Ambiguitätstoleranz

Ich höre in Praxisprojekten oft, dass die neuen digitalen Zeiten unsicher seien. Frage: Was sagt diese Klage über jene, die klagen?

Dass sie etwas mutlos sind. Der oder die Mutige hält dagegen auch Unsicherheit aus, weil sie wissen: Das schaff' ich auch noch! Da hab ich schon ganz andere Dinger geschaukelt.

Mit Mut wird man nicht geboren. Man und frau erwirbt ihn. Womit? Durch Training. Fang bei den kleinsten Dingen an – wie im Fitness-Studio oder beim Sport auch. Niemand läuft einen Marathon aus dem Stand. Mut erwirbt man, indem man ihn praktiziert. Zunächst an überschaubaren, trivialen Risiken. Der Verkaufsleiter eines Mittelständlers sagt zum Beispiel zu seinen 27 Verkäufern: „Okay, wir probieren eine neue App für die Besuchssteuerung aus.

Würde uns Zeit sparen, wenn das hinhaut. Wenn nicht –
nächster Versuch!" Das ist Mut. Mut, der ansteckt: Ist der
Chef mutig, sind es die (meisten) Mitarbeiter auch.

### 2.5.2 Mut, das Alte loszulassen

Etwas Neues zu lernen ist weitaus einfacher, als etwas Altes
zu entlernen. Wir alle wurden förmlich darauf gedrillt,
hauptsächlich in Aufgaben, Projekten und Aufträgen zu
denken. Das ist auch weiterhin wichtig. Aber es ist eben
nicht mehr alles. Wir sollten und müssen jetzt auch an die
Zukunft und die digitale Revolution denken.

Viele wenden ein: „Wie auch? Wir kriegen immer mehr
Themen rein und werden immer weniger Leute! Wie soll
das funktionieren?" Indem man beim Alten auch mal Ab-
striche macht. Keine radikalen Abstriche, wohlgemerkt.
Doch das Alte muss auch teilweise Platz machen für das
Neue. Oder du machst das Alte effizienter.

### 2.5.3 Mut zur Effizienz

Viele Unternehmen finden plötzlich ganz viel Zeit für ihre
Digitalprojekte, sobald sie die Effizienzreserven ihrer alten
Prozesse und Strukturen anzapfen und Abläufe verschlanken, digitalisieren, einkürzen oder ganz weglassen. Viele
kommen jedoch lange Zeit nicht auf diese Idee, weil auch
hier das alte Denken bremst: Es wird alles abgearbeitet wie
es angefallen ist – keine Zeit für neue Abläufe!

### 2.5.4 Mut zum Geldausgeben

Natürlich: Das Neue kostet Geld. Nicht nur bei der An-
schaffung digitaler Technologien. Sondern auch, wenn sich

Führungskräfte und Mitarbeiter immer mal wieder aus der Auftragsbearbeitung ausklinken, um Neues anzudenken. Das kostet Zeit und Zeit ist Geld. Dieses Geld auszugeben – auch das kostet Mut. Es hilft dabei schon, sich zu fragen: Haben wir wirklich nicht das Geld dafür? Oder fehlt uns bloß der Mut, es fürs Digitale auszugeben?

### 2.5.5  Mut zum langen Atem

Alles ist so schnell geworden. Aufträge müssen grundsätzlich schon gestern erledigt sein. Die schnellen Fische fressen die langsamen. Das stimmt immer noch. Doch der neue Mindset braucht auch Mut für die lange Strecke: Die Digitalisierung ist kein Sprint, sondern ein Marathon. Viele übersehen das.

Sie führen Neues, Digitales ein, probieren es zwei, drei Wochen aus, es funktioniert nicht oder nicht wie erwartet – und wird prompt verworfen. Das ist ein Fehler. Die Digitalisierung benötigt Ausdauer. Sie ist kein Event, sondern ein strategischer Prozess. Man sollte also nicht quer durch den Gemüsegarten hüpfen, sondern diszipliniert und ausdauernd am Ball bleiben.

## 2.6  Frustrations- und Fehlertoleranz

Wer Neues ausprobiert, macht Fehler. Das wissen wir alle. Wir handeln bloß selten danach. Weil das Wissen um Fehler nicht automatisch die Frustrationstoleranz erhöht.

### 2.6.1  Mit Ärger muss gerechnet werden

Wer Neues ausprobiert, macht Fehler und das gibt Ärger: Wie geht man damit um? Der neue Mindset sagt: ganz cool, total souverän, gelassen und abgeklärt. Kein Drama, keine

Schuldzuweisungen, kein Cover your ass, keine Hexenjagd, keine Verantwortungsdiffusion. Sondern die Einstellung:

- Fehler gehören dazu.
- Wer keine Fehler macht, lernt auch nichts dazu.
- Wir machen keine Fehler, wir finden heraus, was nicht funktioniert.
- Das ist kein Scheitern, kein Versagen – das ist ein Lernprozess!
- Okay, Schwamm drüber, was lernen wir daraus?

### 2.6.2 Die Flinte ins Korn werfen

Aus Fehlern zu lernen, ist nicht normal. Normal ist, dass wir ein einziges Mal am Büfett über die Stränge schlagen und danach so frustriert sind, dass wir die Diät komplett aufgeben. Dasselbe passiert uns auch bei der Digitalisierung: keine Frustrationstoleranz. Besser ist die Einstellung des neuen Mindsets:

- Nun gut, das ging daneben – wir machen unbeirrt weiter!
- Kein Ding, mit Rückschlägen rechnen wir – weiter im Text!
- Rom wurde nicht an einem Tag erbaut.

### 2.6.3 Durch Frustration führen

Frustrationstoleranz ist Führungsaufgabe. Wie gehst du mit Mitarbeitern und Kollegen um, die digital daneben hauen? Stellst du sie an den Pranger? Machst du ihnen Vorwürfe? Lässt du zu, dass andere ihnen Vorhaltungen machen? Oder diskutiert ihr gemeinsam die Lessons Learned? Heißt ihr Rückschläge willkommen? Weil man eine Menge daraus lernen kann?

# 2.7  Collaboration und Sharing

Collaboration und Sharing sind zwei zentrale Elemente des neuen Mindset: Nicht nur der Chef und die Experten wissen, wo es lang geht, sondern alle dürfen und sollen ihren „Senf dazugeben", damit alle gerne miteinander arbeiten (Collaboration). Und keiner hortet sein Spezialwissen und macht ein Geheimnis daraus, sondern teilt es mit allen anderen (Sharing).

### 2.7.1  Ideen sind kein Schnaps

Teilt man den Schnaps mit anderen, wird er weniger. Mit Ideen und Wissen ist es umgekehrt: Je mehr man beides mit anderen teilt, umso mehr und besser wird beides. Das leuchtet ein, doch auch das wird im Unternehmen oder deinem Führungsbereich nur dann praktiziert, wenn ihr das übt, übt, übt.

### 2.7.2  Wissensmonopole beenden

Sharing sollte geübt werden, weil viele eben immer noch nach dem Motto leben, arbeiten und führen: Wissen ist Macht! Leider ist die Zukunft keine Frage der Macht, sondern des eigenen Lerntempos. Und Macht ist eher eine Lernbremse. Für Machtmenschen ist das keine einfache Umstellung. Sie brauchen Unterstützung in Form von Weiterbildung oder Coaching, um zu erkennen, dass geteiltes Wissen doppeltes Wissen ist (und damit die eigene Machtbasis vergrößert, nicht schmälert).

### 2.7.3  Zeit ist eine Frage der Einstellung

Wenn ich in Unternehmen unterwegs bin und nach den Fortschritten bei der Digitalisierung frage, höre ich oft:

„Weiß nicht, interessiert mich nicht, ich hab keine Zeit, ich muss meine Aufträge abarbeiten." Andere wiederum sagen: „Wir machen immer mal wieder spontane Digital Breaks, so fünf, zehn Minuten und diskutieren, wenn wieder was Neues auftaucht. Das interessiert uns doch auch! Außerdem könnte es uns die Arbeit erleichtern. Und überhaupt: Wer sich heute nicht die Zeit dafür nimmt, den verdrängen morgen die Maschinen." Welche Einstellung ist besser?

## 2.8   Der Mindset fürs Leben

Zum neuen Mindset gehört auch, dass wir uns das Gefühl abtrainieren, die Maschinen würden unsere Arbeitsplätze killen und wären unsere Feinde. Es gab schon vor 20 Jahren Fabrikhallen ohne Menschen – und hat das jemanden gestört? Wer hat denn wirklich gerne in dem Lärm und dem Dreck gearbeitet? Viele ehemalige Maschinenbediener sagen heute: „Ich bin heilfroh, dass ich aus der Halle raus bin und jetzt im Büro arbeiten kann. Ist deutlich besser."

### 2.8.1  Humane Digitalisierung

Wenn die Maschinen links Jobs „killen", dann schaffen sie rechts neue – auch im eigenen Unternehmen. In schwedischen Erzminen zum Beispiel schürfen und fördern fast nur noch Maschinen. Die ganzen Steiger und Kumpels sind jedoch nicht arbeitslos, sondern machen jetzt Verkauf und Customer Support, denn: Der Stahlmarkt ist so hart umkämpft, dass man gute Leute braucht, die sich mit dem Rohmaterial auskennen, weil sie es jahrelang gefördert haben. So geht das. So geht humane Automatisierung und Digitalisierung.

## 2.8.2  Es entstehen neue Jobs

Es entstehen mit der Digitalisierung viele neue Jobs – für die man bereit, motiviert und qualifiziert sein sollte. Wir brauchen zum Beispiel aktuell viele Coder und Data Scientists. Und wenn die Künstlichen Intelligenzen sich in einigen Jahren gegenseitig programmieren können, dann gibt es wieder neue Berufe, für die wir Freiwillige brauchen – und die kommen längst nicht alle von der Uni! Guter Merkspruch: Mein Lehrberuf ist nicht mein Rentenberuf!

Auch eine gute Einstellung: Ich lerne jeden Tag dazu und mache es gerne. Ich bin nicht mein Beruf! Mein Beruf hat sich schon immer verändert. Es ist wie im Sport: Immer am Ball bleiben!

## Zusammenfassung

Die Erfolge der Vergangenheit und eine ausgezeichnete Auftragslage haben viele Unternehmer und Führungskräfte satt gemacht. Sie denken an gefüllte Auftragsbücher, während die digitale Revolution disruptiv denkt. Also sollte der neue Mindset im Management ebenfalls eine disruptive Denkhaltung annehmen und dieser mit entsprechender Setzung von Rahmenbedingungen einen formellen Rahmen geben. Das Kapitel beleuchtet Prinzipien und Praxis disruptiven Denkens bis hin zur Infragestellung altbewährter Produkte und sogar des traditionellen, eigenen Geschäftsmodells.

# 3

# Die erste Säule des Erfolgs: Buzzword-Kompetenz

## Von A wie Agile bis Z wie Zero Fail

## 3.1 Alle reden darüber, keine(r) kennt sich aus

Die Digitalisierung ist einer der disruptivsten Mega-Trends des 21. Jahrhunderts. Deshalb reden auch alle darüber – was meist peinlich wird. Denn nur die wenigsten kennen sich mit den digitalen Fachbegriffen aus. Wer Begriffe falsch verwendet, braucht für den Spott nicht zu sorgen.

### 3.1.1 Begriffsverwirrung: Fatale Folgen

Sich mit mangelnder Schlagwort-Kompetenz zu blamieren ist das eine. Das andere sind die Konflikte, Friktionsverluste und Effizienzschäden, die zwangsläufig dann in einem Unternehmen auftreten, wenn keine gemeinsame Sprache gesprochen wird. Wenn es bei jeder Maßnahme, jedem Vorhaben und jedem Projekt der digitalen Transformation zu

© Springer Fachmedien Wiesbaden GmbH, ein Teil von Springer Nature 2019
K. Scheerhorn, *So gelingt digitale Transformation!*,
Fit for Future, https://doi.org/10.1007/978-3-658-27190-9_3

Missverständnissen kommt, die den Laden aufhalten und alle Beteiligten verwirren, demotivieren und ausbremsen.

Da kündigt zum Beispiel ein Projektleiter an: „Ab sofort sind wir ein agiles Projekt! Wir arbeiten nach Agile-Prinzipien!" Sein Team denkt: „Super, wie modern wir doch sind!" Das Team freut sich und holt bereits für die erste Grobplanung den Projektkunden mit an den Meetingtisch – was ein Novum in diesem Unternehmen ist, aber den international praktizierten Agile-Prinzipien entspricht. Deshalb sind alle peinlich berührt, als der Projektleiter zum ersten Meeting antrabt und laut in die Runde fragt: „Was machen denn die Leute vom Kunden hier?" Der Kunde weiß, was agile ist. Das Team weiß, was agile ist.

Nur der Projektleiter weiß es nicht. Sein Unwissen blamiert ihn und hält den Laden auf. Er weiß nicht, dass ein Projekt umso agiler, also flexibler, im Endeffekt schneller, effektiver, effizienter und zieltreuer abläuft, je früher der Kunde einbezogen wird. Denn das versteht er nicht unter „agile". Was versteht er darunter? Als ihn sein Team fragt, sagt er: „Blöde Frage, weiß doch jeder: Agile heißt quick and dirty!" Er meint, „agile" bedeutet, dass man es im Projekt nicht so genau nimmt, auch mal fünfe gerade sein lässt – Hauptsache, es geht alles schnell über die Bühne. Bei dieser Schnellschlamperei stört natürlich der Kunde im Meeting.

Das Team lacht hinter dem Rücken des Projektleiters über dessen Unkenntnis. Der Kunde ist sauer. Das Projekt ist noch keine Woche alt, steckt aber schon in (völlig unnötigen) Schwierigkeiten. Und das bloß, weil der Projektleiter meint, Schlagworte zu kennen, die er definitiv nicht kennt.

### 3.1.2   Kenne deine Buzzwords!

Man sollte die gängigsten Schlagworte kennen, um A) mitreden zu können und B) den eigenen Laden nicht unnötig aufzuhalten und Kunden zu verärgern. Denn wenn der Kunde (oder die Konkurrenz!) sich besser mit den einschlägigen Buzzwords auskennt, wird es nicht nur peinlich, sondern auch gefährlich – für Aufträge und Umsatz. Im Folgenden kannst du dir die nötige Kompetenz für die geläufigsten Begriffe holen. Es gibt Dutzende mehr, die du dir auf ähnliche Weise aneignen kannst: Lies (im Internet) nach oder frag einfach (mich zum Beispiel). Wobei fragen natürlich besser ist. Wer jemanden fragt, der/die sich damit auskennt, kommt ins Gespräch, erfährt auf diese Weise nicht nur mehr als die Antwort auf seine Fragen, sondern knüpft auch wertvolle Kontakte, die gerade für den Erfolg bei der digitalen Transformation extrem hilfreich sind.

## 3.2   Schlagworte, die man kennen muss

A wie Agile hätten wir damit schon ganz grob abgehakt – kommen wir zu A wie Automatisierung. Und nein, dieses Schlagwort kannst du nicht rasch überblättern, auch wenn du schon weißt, was „Automatisierung" bedeutet. Das dachte der Projektleiter eben auch, der von seinem eigenen Verständnis des deutschen Adjektivs „agil" auf die Bedeutung von „agile" (englisch ausgesprochen) schloss – und sich irrte. Denn viele Begriffe, die wir bereits zu kennen glauben, werden von der digitalen Transformation mit anderen Bedeutungen versehen. Deshalb heißt die Transformation unter anderem so: Sie transformiert auch unseren Sprachgebrauch.

### 3.2.1   Automatisierung

Natürlich sind die meisten Fertigungsstraßen heutzutage in vielen Branchen automatisiert. Aber das ist nicht alles, was die Transformation unter Automatisierung versteht. Sie meint vor allem die Automatisierung der Büroarbeit, von Arbeits- und Verwaltungsprozessen, Bestellvorgängen, Auftragsdurchläufen … Jeder Ablauf, der mit vertretbarem Aufwand automatisiert werden kann, soll automatisiert werden. Wir kennen das alle, auch wenn wir das nicht immer bewusst wahrnehmen.

Wenn zum Beispiel eine E-Mail vom Oberboss, von einem A-Kunden oder von der/m Liebsten einläuft, wird sie vom Mailprogramm automatisch im betreffenden Ordner abgelegt (wenn man vorher dem Programm den Befehl gab). Das erspart bei 200 Mails am Tag locker zehn Minuten Fingergymnastik und jede Menge Nerven. Es steigert die persönliche Effizienz und Laune und ist einfach so angenehm, dass man nicht mehr ohne diese kleinen automatischen Arbeitshilfen leben und arbeiten möchte. Wenn wir also „Automatisierung" hören, sollten wir nicht immer nur an Maschinen und Produkte denken, sondern an alle Prozesse und Abläufe, mit denen wir uns täglich beschäftigen. Wie viele davon lassen sich automatisieren?

Viele moderne Firmen automatisieren praktisch alles, was sich mit vertretbarem Aufwand automatisieren lässt. Zum Beispiel begegne ich in vielen Unternehmen heute komplett automatisierten Bestell- und Bezahlprozessen. Kein Mitarbeiter muss mehr Bestellformulare auf Papier ausfüllen. Er klickt einfach am PC im digitalen Katalog das passende Kästchen an und schon rollt die Bestellung. Beim Lieferanten tippt dann auch keiner mehr von Hand eine Rechnung, weil das automatisierte System automatisch bei Eintreffen einer Bestellung die passende Rechnung dazu generiert und rausschickt, sobald der Empfänger den Wareneingang bestätigt – dann auch nicht mehr von Hand, sondern automatisiert mit Sensor an der Rampe.

Der Trick ist: Wenn ein Unternehmen derart seine Prozesse automatisiert, gerät jedes andere Unternehmen ins

Hintertreffen, das noch nicht so stark automatisiert ist. Und: Niemand muss dafür gekündigt werden! Freiwerdende Mitarbeiter können sich um sinnvollere Aufgaben kümmern – wenn sie dafür qualifiziert sind. Daher: Wenn Maschinen automatisieren, sollten Menschen sich qualifizieren.

### 3.2.2 Der Bot

Der Bot heißt tatsächlich so. Klingt wie eine Kurzform von „Roboter", ist aber etwas völlig anderes. In vielen Unternehmen beantwortet heute schon zum Beispiel kein Hotline-Mitarbeiter mehr Kundenanfragen, sondern ein Sprach-Bot. Natürlich nur jene Standard-Anfragen, die jeden Tag hundertfach einlaufen und die man automatisiert beantworten kann. Dafür ist der Bot da, knapp gesagt ein „Softwareroboter" (Gründerszene 2019a). Er rettet jene Mitarbeiter vor dem Wahnsinn, die sonst hundertmal am Tag dieselben Sätze aufsagen müssten. Der Bot macht diese Menschenquälerei überflüssig. Außerdem ist ein Bot 24/7 im Dienst, sogar am Wochenende, ohne Überstundenzuschlag. Er wird auch nie krank (Computer-Viren ausgenommen).

Bots sind heutzutage so gut, dass man in vielen Fällen nicht merkt, ob da ein Bot oder ein Mensch mit einem am Telefon spricht oder per E-Mail textet. Sie können an vielen Stellen im Unternehmen eingesetzt werden, zum Beispiel auch in der Personalabteilung. In etlichen Konzernen nimmt beispielsweise nicht mehr ein Personalreferent die Krankmeldungen des Tages entgegen, sondern ein Bot. Auch in vielen Online-Lernprogrammen kann man auf einen Bot als Trainer oder Coach zurückgreifen. Einige der Bots kennen wir alle: Alexa, Cortana, Siri und andere Sprachassistenten von Smartphones oder Internet-Konzernen.

### 3.2.3  Nicht Zero Fail, sondern: Fail Fast, Fail Better!

Das ist nicht nur ein Stichwort, sondern eine zentrale Philosophie der Digitalisierung. Der Sinn dahinter: Die Digitalisierung ist für wirklich alle, selbst für die meisten IT-Spezialisten, so neu, dass man sie unmöglich erlernt und meistert, ohne Fehler dabei zu machen. Wenn etwas so neu und komplex ist, lernt man es tatsächlich am schnellsten und besten, indem man möglichst schnell möglichst viele Fehler macht. Kleine Fehler, die keinen großen Schaden anrichten. Das ist immer noch besser als einen großen Schaden anzurichten, indem man viel zu langsam digital transformiert, weil man „bloß keine Fehler" machen möchte. Leider ist genau das die Philosophie vieler analoger Firmen: Bloß keine Fehler machen!

Man ist stolz auf seine Nullfehlertoleranz, auf seine Zero Fail-Philosophie. Für alle Produkte, technischen Eigenschaften und Ingenieursaufgaben ist Nullfehlertoleranz auch superwichtig! Aber eben nicht für die digitale Transformation. Deshalb fällt es traditionell geprägten Firmen, Ingenieuren und ManagerInnen oft so schwer, bei ihren digitalen Projekten Fehler nicht nur zuzulassen, sondern sie geradezu zu provozieren: Um daraus zu lernen! Das bringen viele nicht übers Herz. Das läuft ihrer traditionellen Einstellung zuwider. Die Abhilfe: Einstellungen lassen sich ändern. Tu es! Denn mit Zero Fail gelingt die digitale Transformation nicht.

### 3.2.4  Design Thinking

Auch dieses Schlagwort hört und liest man oft. Das Anwendungsspektrum von Design Thinking vergrößert sich ständig (Poguntke 2018a). Wobei „Design" eben nicht das bedeutet, was es im Begriff „Designer-Klamotten" bedeutet. „Design" wird im digitalen Zusammenhang auch nicht so gebraucht, wie ein Designer eine neue Autokarosserie designt. Nein, wenn man von Design Thinking spricht, liegt dabei die simpelste Bedeutung des Verbs „to design" zugrunde, die schlicht „entwerfen" heißt.

Design Thinking ist, grob gesprochen, „Entwicklerdenke" und diese Denke ist ganz anders als die typische Denkart des analogen Zeitalters. Früher tüftelten Ingenieure eine geniale neue Lösung aus und versuchten dann, daraus ein Produkt zu machen, das leider oft nicht verkäuflich war, weil jene, die es kaufen sollten, es nicht kaufen wollten, weil sie es nicht brauchen konnten. Also geht Design Thinking umgekehrt vor: Es fragt zuerst jene, die etwas haben wollen, was sie haben wollen und entwickelt dann genau das, was sie haben wollen, weshalb sie es danach auch prompt und massenhaft kaufen. Denn sie wollen es ja von Anfang an!

Kurz gesagt: Mit Design Thinking entwickelt man keine Blindgänger und Ladenhüter. Man entwickelt wie bestellt. Nur das, was (vom Markt und nicht nur von den Ingenieuren oder Managern) gewollt wird. Eigentlich völlig logisch und einleuchtend. Gebietet praktisch der gesunde Menschenverstand. Deshalb praktizieren das viele kluge Unternehmer, Ingenieure und Führungskräfte auch seit Jahren – ohne es Design Thinking zu nennen. Sie alle haben jetzt einen eindrucksvollen Begriff für das, was sie ohnehin seit Jahren machen.

## 3.2.5 Internet of Things (IoT)

Das Internet of Things bezeichnet die digitale Vernetzung autonomer oder teil-autonomer Geräte und Maschinen (Gründerszene 2019b). Auch vom Internet der Dinge hören und lesen wir oft, nicht wahr? Das Internet kennen wir: Wir googeln, youtuben oder facebooken. Das machen wir; wir Menschen. Wir Menschen haben ein Internet für Menschen. Es gibt aber auch ein Internet für Dinge. Welche Dinge?

Zum Beispiel dein Smartphone. Dein Smartphone ist im Internet, sobald du es einschaltest. Der Beweis: Du kannst damit googeln und facebooken. Das konnte dein altes Handy nicht. Es konnte nur telefonieren und simsen. Es war noch kein Ding im Internet der Dinge. Andere Dinge im IoT sind Smart Homes, Kühlschränke, die automatisch Milch oder andere Nahrungsmittel nachbestellen, digitalisierte Maschinen und Anlagen. Zukunftsforscher gehen davon aus, dass es schon in wenigen Jahren Milliarden dieser internetfähigen, digital vernetzten und teil-autonomen Anlagen und Geräte geben wird (dafür wird das Internet kräftig wachsen).

Wer heutzutage als Unternehmer noch Maschinen und Anlagen hat, die nicht im Internet sind, also zum Beispiel auch nicht mit Remote Control von einem weit entfernten Support online upgedatet, gewartet und instandgehalten werden können, wird schlicht von der Entwicklung abgehängt. Maschinen mit Internet-Anschluss sind intelligenter, schneller, effizienter, laufen länger und bleiben nicht so oft stehen. Sie können sich automatisch (vgl. Abschn. 3.2.1) und selbstständig beim Hersteller melden, wenn sie Probleme haben – oder sogar noch, *bevor* sie Probleme haben. Das nimmt den Menschen Arbeit ab und verkürzt Zeiten des Stillstands. Solche Maschinen kann jedoch nur führen, wer die entsprechenden Fähigkeiten hat: Manager und Mitarbeiter, die mit IoT-Maschinen arbeiten (wollen), brauchen die passende Qualifikation.

### 3.2.6 Das Dino-Millennial-Problem

Dieses Schlagwort kennst du mit hoher Wahrscheinlichkeit nicht – aber das dahinterliegende Problem kennst du sicher gut. Weil du es jede Woche mehrfach erlebst. Denn in jedem Betrieb gibt es Menschen, die sich mit dem Digitalen super auskennen und andere, die damit nicht viel am Hut haben.

Normalerweise gibt es immer wieder Konflikte zwischen jenen, die möglichst schnell möglichst alles digitalisieren wollen und jenen, die lieber alles beim Alten lassen wollen. Das ist schon schlimm genug. Schlimmer ist, wenn sie sich nicht einmal mehr streiten, sondern nur noch nebeneinander her leben und arbeiten. Dann zerfällt der Betrieb in zwei Teile.

Auf der einen Seite arbeiten jene Führungskräfte und Mitarbeiter, die den Betrieb in die Zukunft führen könnten, aber das nicht schaffen, weil sie praktisch unverbunden neben dem laufenden Betrieb herlaufen, nicht in operative Entscheidungen eingebunden sind, ein Paralleldasein führen, nicht mitentscheiden dürfen. Auf der anderen Seite arbeiten jene, die Aufträge abarbeiten und „das Geld einfahren", aber zum Aussterben verdammt sind, weil sie wegen der vielen Aufträge nicht digitalisieren können und es auch nicht wollen. Beide Seiten sind zum Untergang verurteilt.

Deshalb braucht es eine dritte Gruppe: die Brückenbauer (zur korrespondierenden Fähigkeit vgl. Abschn. 4.2.1). Brückenbauer führen mit Hilfe ihrer gut ausgeprägten integrativen Fähigkeit die beiden nebeneinander her lebenden Gruppen zusammen. Sie bringen zusammen, was zusammen gehört. Sind dir in deinem Unternehmen oder Führungsbereich bereits KollegInnen aufgefallen, die das ganz informell machen? Brücken bauen? Wenn nicht: Wer könnte dafür geeignet sein? Sollten die Brückenbauer teilweise freigestellt werden? Oder geht das quasi ehrenamtlich, nebenher? Wenn du diese Fragen (mit oder ohne externe Unterstützung) beantwortet hast, hast du dein Dino-Millennial-Problem gelöst. Es gibt auch andere Lösungen.

Die Münchner Messegesellschaft zum Beispiel löst das Problem mit einem inversen Mentoring: Junge, digital-affine Menschen zwischen 20 und 30 (sogenannte Digital Natives), mentorieren 20 Führungskräfte von der Chefetage der Messegesellschaft im Alter Ü50. Sie zeigen ihnen, wie Facebook und Youtube funktionieren, wie man eigene Beiträge uploaded und die Cloud nutzt, wie man Musik streamt.

Ganz gleich, welche Lösung du wählst: Lös das Problem und du löst die Handbremse deiner digitalen Transformation.

### 3.2.7 Der I-U-Konflikt

Auch diesen Begriff kennst du nicht – aber das Problem, das dahinter steht. Du sitzt zum Beispiel im Meeting und sagst: „Unsere Fertigungslinie D ist noch komplett analog! Die Konkurrenz hat ihre Anlage bereits im Internet of Things! Da müssen wir auch rein!" Und irgendwer aus der Runde entgegnet: „Fertigungslinie D soll erst mal die anstehende Arbeit erledigen! Einige Aufträge sind bereits hinter Zeitplan!" Das ist typisch.

Typisch für den I-U-Konflikt, wie ich ihn nenne: Du willst (digitale) Innovation, andere wollen Umsatz machen. Meist argumentiert die U-Seite mit „Keine Zeit! Müssen Aufträge abarbeiten!" oder mit „Verpulvert nicht Geld, das wir erst mühsam mit Aufträgen verdienen müssen!" In vielen Unternehmen gilt das sogenannte Primat des Vertriebs, der Umsätze und Aufträge – alles andere kommt danach. Auch die Digitalisierung.

Der I-U-Konflikt bremst also genau das aus, was momentan mit Hochgeschwindigkeit erledigt werden müsste. Nicht das fehlende Geld oder die Technik halten die Digitalisierung auf, sondern solche internen Konflikte. Wer lieber Umsatz macht statt Transformation, wird nur sehr langsam transformieren. Meist zu langsam. Wie löst man diesen Konflikt?

Nicht mit der Einstellung „Schlucken und schweigen, weil es ja eh' keinen Wert hat!" Sondern: Wie beim Fußball – immer am Ball bleiben. Immer wieder ganz konkrete digitale Vorhaben, Projekte und Maßnahmen ansprechen, im Gespräch halten, thematisieren, dafür sensibilisieren, darüber reden, dafür argumentieren, Einwände antizipieren und behandeln, neue Vorschläge machen, eisern verhandeln. Steter Tropfen höhlt den Stein und alles im Leben ist Verhandlungssache. Außerdem: Wenn ihr weiter darüber redet, wird der Konflikt nach und nach enttabuiert. Worüber ihr redet, das könnt ihr auch lösen.

Nächster Schritt: Hol dir Unterstützer! Von drinnen (KollegInnen, Mitarbeitende, Führungskräfte) und von draußen (Berater, Coaches, Trainer, KundInnen). Diese Schlacht musst du nicht alleine schlagen! Mit Gleichgesinnten geht es besser und schneller und ist auch für die Gegenseite überzeugender. Denn sie sieht: Du bist nicht alleine, kein „einsamer Spinner", sondern hast eine kompetente Truppe um dich geschart.

## 3.2.8 Das Empowerment-Problem

Bei der Digitalisierung ist es wichtig, dass möglichst viele mitmachen und mitdenken und zum Beispiel sagen: „Ich denke, hier könnten wir noch einen schönen neuen digitalen Service für unsere Kunden einbauen!" Und der Chef erwidert: „Kümmern Sie sich gefälligst um Ihre eigentliche Arbeit und überlassen Sie das Denken mir!"

Viele Chefs folgen noch dem analogen Paradigma „Command and Control". Chefs müssen anweisen und kontrollieren. Das gilt in der analogen Welt. Die digitale Welt geht davon kaputt. Denn wie gesagt: Alle müssen dabei mitmachen. Und mit solchen Chef-Sprüchen hält man sie vom Mitmachen ab. Wenn alle mitmachen sollen, müssen auch alle zum Mitmachen befähigt sein (Englisch: empowered). Sie müssen befähigt sein, mitzumachen, eigene Ideen zu entwickeln und vorzubringen.

Die Digitalisierung verläuft ungeheuer schnell. Und wenn man wegen jeder kleinen Entscheidung erst den Chef, die Bürokratie und die Hierarchie fragen muss, dann läuft das alles viel zu langsam ab. Empowerte Mitarbeiter sind sehr viel schneller und effektiver, weil sie empowered sind, selber Entscheidungen zu treffen. Warum tun sich dann viele ManagerInnen mit dem Empowerment so schwer?

Weil sie Machtverlust fürchten: Wer andere empowert, gibt selber Macht ab. Das ist aber zu kurz gedacht: Für das bisschen abgegebene Macht fährt der Mächtige nämlich einen exorbitanten Return an Erfolg ein: Empowerte MitarbeiterInnen sind produktiver und auch zufriedener. Was ist für eine Führungskraft wichtiger: Macht oder Erfolg?

### 3.2.9 Der Purpose

Warum arbeitest du? Viele tun es, weil sie Geld brauchen. Sie tauschen Zeit für Geld ein. Andere arbeiten, weil ihre Arbeit und Position ihnen Status verleiht. Die Generation Z, die Millennials, die Digital Natives arbeiten überwiegend für ein anderes Motiv, das Purpose genannt wird: Sinn und Zweck.

Sie wollen keine repetitiven, sinnlosen, doofen Blöd-Jobs erledigen, keine Scheintätigkeiten, Pseudo-Projekte und Alibi-Aufgaben, keine unternehmenspolitischen Spiele oder Machtspielchen spielen. Sie wollen Aufgaben, die anspruchsvoll und lohnend sind, die Welt ein wenig besser machen. Sie wollen einen Beitrag leisten.

Sie wollen kreativ sein, neue Lösungen finden und implementieren, nie Gedachtes denken, innovieren und digitalisieren. Wenn du solche Aufgaben anbieten kannst, Aufgaben mit Purpose, dann rennen dir die Millennials die Bude ein und bleiben auch. Wenn nicht, hast du ein Problem: Du kriegst nicht genug gute Leute. Weil du – in ihren

Augen – Donkey Work anbietest. Die Millennials aber, die Leute, die du für deine digitale Transformation brauchst, wollen Meaningful Work mit klarem Purpose. Kannst möchtest du das anbieten?

## 3.2.10 Pain Points

Nein, es geht nicht darum, jemanden zu quälen! Der jemand, um den es geht, ist schon gequält: nämlich der Kunde. Ihm tut etwas weh. Das, was er bei dir einkauft, soll seine Schmerzen lindern/heilen. Es soll sein Umsatzproblem oder sein technisches Problem lösen oder seine Kosten senken oder was auch immer seine „Schmerzen", seine Pain Points sind. Und was bieten ihm die meisten Anbieter stattdessen an?

Sie bieten ihm keine Schmerzlöser an, sondern Produkte, Artikel, Bestellnummern. Sie denken vom Produkt, ihrem Portfolio oder von ihrer Dienstleistung her, nicht von den Schmerzen des Kunden aus. Sie verkaufen nach dem Motto: Lösung sucht Problem! Damit stellen sie den Verkauf aus Sicht des Kunden völlig auf den Kopf und erzeugen damit Frust. Und frustrierte Kunden kaufen weniger.

Daher: Was sind die Pain Points deiner Kunden? Jedes Kunden? Kennst du sie? Katalogisiert und analysiert? Nein? Dann frag deine Kunden doch mal: „Wo tut's weh? Wie kann ich Ihnen helfen?" Bei diesem Pain-Point-Ansatz hat sich in meiner Praxis gezeigt, dass mehr für dich heraus kommt als bei Ansätzen, bei denen das Produkt und nicht der Kunde im Mittelpunkt steht. Es kommt mehr dabei heraus, als mit einem fertigen Produkt Klinken putzen zu gehen.

Das ist der Geist der Digitalisierung. Digitalisierung ist nicht „nur" Technologie, sondern auch ein komplett neues Denken: Man produziert weniger Produkte von der Stange und mehr hoch spezifische Lösungen (Stichwort: Losgröße 1), die exakt auf die Pain Points des Kunden passen.

### 3.2.11 Der Sprint

Auch der Sprint als Methode des digitalen Zeitalters entwickelt ein hohes Maß an Geschwindigkeit (Poguntke 2018b). Das Motto des Sprints ist: „Einmal kräftig Gas geben und fertig!" Wobei gibt man Gas? Bei der Entwicklung neuer Lösungen, Produkte, Services, Technologien, Anwendungen, Geschäftsfelder. Normalerweise dauert so etwas eher Jahre und benötigt Riesenprojekte und Riesenbudgets. Nach x Jahren wird das neue Produkt dann pompös vorgestellt – und keiner will es kaufen. Oder viel zu wenige Kunden. Und dafür hat man dann Jahre und Millionen vertan? Geht das nicht schneller und billiger?

Eben deshalb wurde der Sprint entwickelt: Innovationen nicht in Jahren, nicht in Monaten, sondern – du errätst es nie – in einer einzigen Woche. Ein Sprint dauert fünf Arbeitstage – und fertig. Aber wie kann man in fünf Tagen sicherstellen, dass man nicht wie beim Mega-Projekt am Kunden vorbei entwickelt? Ganz einfach, wie du sicher schon erraten hast: Indem man sowohl dem Design Thinking (vgl. Abschn. 3.2.4) als auch dem Agile-Gedanken (vgl. Abschn. 3.1.1) und der User Story (vgl. Abschn. 3.2.13) treu bleibt und deshalb den/die Kunden an allen fünf Tagen dazu nimmt.

Und indem man den Sprint vom üblichen „Wasserkopf" befreit: Beim Sprint sprinten nur die Sprinter mit. Nicht die, die normalerweise auch im Projekt mit dabeisitzen: die Besucher, Gäste, Mitläufer, Wichtigtuer, Meeting-Schläfer, Prozess-Verschlepper, Oberbedenkenträger und Profilneurotiker. Es sind nur jene maximal 15 ausgewiesenen ExpertInnen für das jeweilige Thema im Sprint-Team, die sich super mit der Materie auskennen, hoch motiviert sind und die deshalb einen substanziellen Beitrag zum Thema beitragen können und vor allem wollen. Nur so kann gewährleistet werden, dass nach tatsächlich nur fünf Tagen ein Prototyp oder ein fertiges Konzept oder ein Modell des neuen Produktes oder Services vorliegt. Auf dessen Basis kann dann entschieden werden: Go or No-Go? Machen wir daraus etwas für den Markt oder nicht?

Eine gesicherte Entscheidung schon nach fünf Tagen? Das ist revolutionär. Wer bei dieser Revolution nicht mitmacht, kommt Jahre zu spät und stellt wie der Igel beim Hasen fest: Die Konkurrenz ist schon an ihm vorbei gesprintet.

## 3.2.12 Das MVP – Minimum Viable Product

Die etwas längere Form vom Sprint heißt MVP und kann bis zu drei Monate dauern. Ein MVP ist wörtlich übersetzt ein „gerade noch lebensfähiges Produkt", das gerade so weit entwickelt wurde, dass es beim Kunden getestet werden kann (Kuenen 2018). Also ein Produkt, das sämtliche Minimalanforderungen erfüllt – aber eben nicht mehr. Das kleinstmögliche Vorzeigbare. Also die Basis-Version ohne jeden Schnickschnack, sozusagen ein Minimal-Prototyp. Oft wird zuerst ein Sprint gemacht, um entscheiden zu können: Machen wir aus der Idee etwas? Kommt der Sprint zu einem positiven Ergebnis, wird oft ein MVP drangehängt, um bei etwas komplexeren Produkten oder Dienstleistungen dann schon einen primitiven Prototypen oder ein ausgearbeitetes Konzept vorlegen zu können. Bei weniger komplexen Anliegen reicht schon ein Sprint aus. Wenn es zum Beispiel darum geht, Arbeitsprozesse zu reorganisieren, neu zu definieren und im Modell durchzuspielen. Sowohl bei Sprint wie auch MVP sind immer die Kunden mit dabei.

Sprint und MVP sind übrigens Vollzeitbeschäftigungen: Alle TeilnehmerInnen werden von ihrer üblichen Arbeit freigestellt. Das würde bei euch im Betrieb Probleme machen, weil man die guten Leute nie so lange freistellen kann? Das macht in allen Unternehmen Probleme, weil nirgendwo auf die guten Leute so lange verzichtet werden kann. Das ist überall ein Problem. Doch die Sache ist ganz einfach: Problems are the breakfast for champions. Wir leben und arbeiten im Prinzip alle doch nur, um täglich Probleme und Problemchen zu lösen. Wer das Problem mit der Freistellung löst, löst einen Fahrschein in eine glänzende Zukunft.

## 3.2.13 User Story

Wörtlich: die Geschichte des Benutzers. Auch User Experience Story genannt (Kuenen 2019). Sie ist außerordentlich nützlich. Wenn ein Unternehmen die Geschichte des Benutzers kennt, kann es ein Produkt oder eine Dienstleistung nicht mehr am Kunden vorbei entwickeln oder anbieten. Es geht vielmehr von Anfang an von der User Story aus und fragt: Jemand mit so einer User Story – was braucht der/die von uns?

Wie kommt man auf die User Story? Indem man den User danach fragt. Als eine deutsche Großstadt zum Beispiel ihr S-Bahn-Netz modernisiert, fällt eine der komplett neuen Linien komplett aus, weil bei einer einzigen Haltestelle die Sondermaße des Bahnsteigs nicht erfragt wurden: Würden die neuen Züge fahren, würden sie an dieser Haltestelle steckenbleiben. Wegen weniger Zentimeter. Wer nicht fragt, braucht für den Spott nicht zu sorgen.

Das Einfachste wäre gewesen, einen Fragebogen an alle User (Zuständige für Haltestellen und Bahnhöfe) zu schicken und zu fragen: Was braucht ihr denn so? Das wird bei vielen Vorhaben der Wirtschaft schlicht nicht gemacht. Der Endnutzer und Anwender ist der letzte (wenn überhaupt), der gefragt wird. Nicht so in Unternehmen, die sich digital transformiert haben. Die sind nicht nur digital, die arbeiten auch mit der User Story.

### 3.2.14 Künstliche Intelligenz (KI)

Künstliche Intelligenz beschäftigt sich mit Methoden für Computer, die Intelligenz erfordern würden, wenn sie ein Mensch ausführen müsste (Siepermann 2019). Smartphones haben eine KI. Bei Alexa spricht nicht der Lautsprecher im Wohnzimmer mit uns, sondern die Künstliche Intelligenz im Großrechner. FinTech-, InsurTech- und LegalTech-Firmen setzen KI ein (ds-Team 2016), also Hochleistungssoftware mit sehr komplexen Algorithmen, die Finanz-, Versicherungstipps und Rechtsberatung geben kann. In Redaktionen und in Investment-Banken schreiben KI viele Newsletter-Beiträge und Marktberichte. Auch wenn dir Facebook neue Freunde vorschlägt oder Werbung unterbreitet, macht das nicht Facebook, sondern die Facebook-KI, die dich mit ihren Algorithmen ziemlich gut einschätzen kann – und künftig noch viel besser. Denn Künstliche Intelligenz lernt dazu. Nicht nur bei Facebook.

Nicht nur die großen Unternehmen, sondern alle Firmen, die in den nächsten fünf bis 20 Jahren überleben und florieren wollen, brauchen Produkte und Dienstleistungen mit KI-Unterstützung. Niemand sollte also „mal abwarten, wie sich das entwickelt". Besser ist, sich schon heute schlau zu machen und den KI-Einsatz anzudenken.

## 3.3   Deine neue Sprache

Hast du dich eben bei der Lektüre der einzelnen Begriffserklärungen gut unterhalten? So soll es sein! Wer digitale Fachbegriffe widerwillig paukt wie Vokabeln an der Schule, macht etwas falsch. Mach das Ganze lieber so wie beim

Sport. Als du Begriffe wie „überrissene Vorhand" (Tennis) oder „DRS" (Formel 1) gelernt hast, hast du das eher mit Lust und Laune gemacht. Halte es auch mit den digitalen Begriffen so. Erweitere dein Vokabular ständig.

Lies oder frag dich in Begriffe ein, die neu auftauchen. Und arbeite daran, dass dein kollegiales, kundenseitiges und vorgesetztes Umfeld die gängigen Begriffe klar und einheitlich verwendet. Nicht, indem du einzelnen Menschen ein Fehlverständnis vorwirfst. Sondern eher mit kulanten Formulierungen wie: „Könnten wir uns bei der Verwendung des Kürzels KI darauf einigen, dass eine KI schon etwas mehr sein muss als eine Handvoll Algorithmen?" Ich wünsche dir viel Erfolg dabei!

## Zusammenfassung

Die Digitalisierung hat eine eigene Sprache. Man sollte deren wichtigste Fachbegriffe kennen, damit man sich nicht blamiert. Gravierender: Wer die Begriffe nicht kennt oder falsch auslegt, stiftet jenes heillose Durcheinander in seinem Unternehmen, auf das ein Großteil der Disruption, für die der digitale Umbruch berüchtigt ist, zurückgeht: babylonische Sprachverwirrung. Über die wichtigsten und häufigsten digitalen Begriffe informiert das Kapitel und vermittelt den LeserInnen dabei jene Buzzword-Kompetenz, die fürs informierte Mitreden und vor allem für die konzeptionelle und operative Bewältigung der digitalen Transformation grundlegend ist.

# Literatur

ds-Team. (2016). https://www.deutsche-startups.de/2016/07/06/die-deutschsprachige-legaltech-szene-im-ueberblick/. Zugegriffen am 14.06.2019.

Gründerszene. (2019a). https://www.gruenderszene.de/lexikon/begriffe/bot?interstitial. Zugegriffen am 14.06.2019.

Gründerszene. (2019b). https://www.gruenderszene.de/lexikon/begriffe/internet-of-things. Zugegriffen am 14.06.2019.

Kuenen, K. (2018). https://wirtschaftslexikon.gabler.de/definition/minimum-viable-product-mvp-119157/version-368108. Zugegriffen am 14.06.2019.

Kuenen, K. (2019). https://wirtschaftslexikon.gabler.de/definition/user-experience-design-100263. Zugegriffen am 14.06.2019.

Poguntke, S. (2018a). https://wirtschaftslexikon.gabler.de/definition/design-thinking-54120/version-277174. Zugegriffen am 14.06.2019.

Poguntke, S. (2018b). https://wirtschaftslexikon.gabler.de/definition/design-sprint-54275/version-277322. Zugegriffen am 14.06.2019.

Siepermann, M. (2019). https://wirtschaftslexikon.gabler.de/definition/kuenstliche-intelligenz-ki-40285/version-263673. Zugegriffen am 14.06.2019.

# 4

# Die zweite Säule des Erfolgs: Digitale Skills der Zukunft
## Erfolg ist eine Frage der Fähigkeiten

## 4.1 Wer hat Erfolg?

Das ist die Frage. Passende Antworten könnten lauten: Jemand, der Glück hat. Jemand, der von günstigen Umständen profitiert. Aber mal ehrlich: Wenn es um deinen ganz persönlichen Erfolg in Beruf, Leben und bei der Digitalisierung geht – möchtest du dich da etwa auf dein Glück oder günstige Umstände verlassen? Sicher nicht.

Wenn es um Erfolg geht, verlassen wir uns lieber auf unsere eigenen Fähigkeiten und Fertigkeiten. Rein theoretisch. In der Praxis ziehen wir das nicht so kategorisch durch. Das erlebe ich oft, wenn zum Beispiel neue Software in einem Unternehmen eingeführt wird: halber Tag Impuls-Schulung des Software-Händlers, Verweis auf die mitgelieferte Lern-Software und „Das muss reichen!". Tut es in der Regel nicht, was man daran sieht, dass in vielen Fällen die Hälfte bis zwei Drittel der User selbst Monate nach Einführung des neuen Systems noch mit dem alten arbeiten oder wieder zur Zettelwirtschaft übergegangen sind.

© Springer Fachmedien Wiesbaden GmbH, ein Teil von
Springer Nature 2019
K. Scheerhorn, *So gelingt digitale Transformation!*,
Fit for Future, https://doi.org/10.1007/978-3-658-27190-9_4

Wir alle ahnen, dass man Neues erst lernen, erst die passende Fähigkeit erwerben muss. Doch mit der praktischen Umsetzung dieser Ahnung hapert es weitläufig. Das gilt insbesondere für die Digitalisierung. Viele Geschäftsleitungen verkünden „Wir digitalisieren!" und hoffen, dass Führungskräfte und Belegschaft sich das neue Wissen und die dringend benötigten Fähigkeiten „schon irgendwie" und möglichst do-it-yourself aneignen. Hoffen ist gut, Lernen wäre besser. Doch der Wille zum Lernen ist in vielen Organisationen nur schwach ausgeprägt, organisiert, strukturiert und systematisiert. Das beginnt schon bei den ganz einfachen Dingen: Viele Führungskräfte wissen nicht, welche neuen Fähigkeiten die Digitalisierung überhaupt erfordert. Deshalb diskutieren wir den Katalog der wichtigsten acht Digital Skills im Folgenden in Form eines kompakten Überblicks mit direkten Handlungsoptionen.

## 4.2    Auf die neuen Fähigkeiten kommt es an

### 4.2.1  Brückenbauen

Nicht alle, die unter 30 sind, kennen sich mit der Digitalisierung aus. Nicht jeder junge Mensch ist ein Millennial (vgl. Abschn. 3.2.6) oder gehört der Generation Y in dem Sinne an, dass er digital denkt, atmet und arbeitet. Was viele (ältere) Führungskräfte unbewusst voraussetzen, ist schlicht nicht zutreffend: „Der ist noch jung. Der kennt sich mit dem digitalen Zeug aus!". Ebenso falsch ist der Trugschluss: „Die ist über 50, also hat sie keine Ahnung von der digitalen Transformation." Digitale Expertise ist keineswegs verlässlich mit dem Lebensalter korreliert.

In jeder Altersgruppe gibt es Digitaldenker und Analogdenker, Millennials und Dinos. Das ist in jedem Unternehmen, jeder Abteilung und jedem Team so. Werden diese beiden Fraktionen sich selbst überlassen, leben sie in stiller Animosität oder offener Feindschaft nebeneinander her, was die Digitalisierung schwer ausbremst: Da Digitalisierung alle betrifft, sollten auch alle mitmachen. Deshalb ist es so wichtig, dass jemand zwischen beiden Gruppen vermittelt; zusammenbringt, was zusammengehört. Nennen wir sie Brückenbauer. Wir haben bereits (vgl. Abschn. 3.2.6) über sie gesprochen. Brückenbauer fallen nicht vom Himmel.

Sie können auch nicht ernannt werden: „Du machst das jetzt!". Wer Brücken bauen will, muss Brücken bauen *können*. Dazu gehört eine ganze Reihe an kommunikativen, kognitiven und sozialen Fähigkeiten, die wir hier im Einzelnen nicht diskutieren wollen. Wichtig ist allein, dass du weißt (und es auch umsetzt): Nur wem ich es von seinen oder ihren Fähigkeiten her zutraue, dass er oder sie zwischen den beiden Lagern vermitteln *kann*, wird Brückenbauer. Und wenn ich zu wenige Brückenbauer im Team habe, lasse ich eben geeignete KandidatInnen dafür weiterbilden. Ich kann sie nicht einfach bloß ernennen. Sie brauchen die passenden Fähigkeiten? Die sollen sie per Zusatzqualifikation kriegen.

## 4.2.2 Digitalkompetenz

Das leuchtet ein, oder? Für die Digitalisierung braucht man Digitalkompetenz. Keine Bange: Du musst deshalb nicht der Top-Experte für sämtliche digitalen Technologien und Methoden sein oder werden. Das kannst du den Spezialisten überlassen, die du gegebenenfalls engagierst. Aber du solltest zumindest so viel von der Materie verstehen, dass du mit den Spezialisten mitreden und sie verstehen kannst.

Das heißt: Du solltest die häufigsten Schlagwörter (siehe Kap. 3) beherrschen. Vor allem solltest du dieses Grundlagenwissen auf dein Unternehmen oder deinen Führungsbereich anwenden können. Das nennt man Transferdenken. Das bedeutet, du kannst grob entscheiden, ob ein Schlagwort, eine digitale Technologie oder eine digitale Methode bei euch in der Abteilung oder im Betrieb nützlich sein könnten und wo und wofür. Ob das dann tatsächlich zutrifft, sollen die Spezialisten herausfinden, die du für ein Pilotprojekt oder eine Feasability Study, einen Sprint (vgl. Abschn. 3.2.11) oder ein MVP (vgl. Abschn. 3.2.12) engagierst oder beauftragst.

Du siehst im Internet zum Beispiel eine neue digitale Technik und denkst: „Das könnten wir auch mal probieren. Das könnte bei uns funktionieren und sich rentieren! Damit könnten wir unsere Auftragsprozesse X bis Z digitalisieren." Und dann probiert ihr das.

### 4.2.3 Fehler 1. und 2. Art

Ob es an Digitalkompetenz mangelt, erkennst du (und leider auch Kunden, Mitarbeiter und Konkurrenten) am gehäuften Auftreten von Fehlern 1. und 2. Art.

**Fehler 1. Art:** Ein Manager oder eine Managerin sehen eine digitale Technik oder Methode und denken: „Ist ja ganz nett, passt aber nicht für uns!" – was sich später als Irrtum herausstellt: Chance vertan. Das Unternehmen wird digital abgehängt von all jenen Konkurrenten und Kunden, die den Fehler 1. Art nicht begehen.

**Fehler 2. Art:** Ein Manager oder eine Managerin sehen eine digitale Technik oder Methode und sagen ihrem Team: „Das ist super! Das brauchen wir unbedingt! Implementiert das mal!" Und das Team denkt: „Hat er/sie noch alle? Das funktioniert doch schon wegen der langfristig nicht veränderbaren Gegebenheiten hier bei uns nicht!" Und das Team hat Recht.

In beiden Fällen reicht die Digitalkompetenz der Entscheider nicht aus, um eine erste grobe Einschätzung des Digitalen vornehmen zu können. Solche Fehlentscheidungen werden meist teuer. Und sind absolut vermeidbar, mit etwas Digitalkompetenz.

## 4.2.4 Datenkompetenz

Nein, das ist nicht dasselbe wie Digitalkompetenz. Aber es hängt damit zusammen. Der Begriff „Datenkompetenz" ist wörtlich zu nehmen und beschreibt deine Fähigkeit, aus der Datenlawine, die dank Digitalisierung jeden Tag erneut über uns hereinbricht, wertvolle Ideen, Informationen, Anregungen und Rückschlüsse ziehen zu können. Diese Fähigkeit macht aus objektiv neutralen Daten subjektiv nützliche Informationen. Natürlich musst du das nicht selber machen!

Das machen im digitalen Zeitalter die Algorithmen und Künstlichen Intelligenzen für dich. Doch deine Datenkompetenz sollte auf jeden Fall so gut sein, dass du weißt, wie eure Algorithmen gestrickt sind und warum eure KI dir rät, was sie dir rät. Du musst keinen Algorithmus selber codieren oder eine KI trainieren können. Doch du solltest auf jeden Fall verstehen, wie sie zu den Ergebnissen kommen, die sie dir präsentieren.

Was früher Data Mining hieß, heißt – komplett erneuert und extrem erweitert und vertieft – jetzt Advanced Business Analytics. Diese neue Disziplin macht aus Big Data nahezu in Echtzeit Smart Data. Viele Konzerne haben inzwischen eigene Teams für Advanced Analytics. Wer dafür zu klein ist, sollte zumindest wissen, wie er oder sie mit welcher Software und welchen Methoden innovative und lukrative Schlüsse aus dem Datensturm herausfiltert, den die Digitalisierung täglich entfesselt.

## 4.2.5 Kollaborationskompetenz

Im analogen Zeitalter dachten, entschieden und handelten Führungskräfte oft nach dem Prinzip: „Ich bin hier der Boss – also kann ich alles, sehe ich alles und weiß ich alles!" Okay, das war jetzt leicht übertrieben – aber du weißt, was ich meine. Das war auch lange Zeit zumindest nachvollziehbar: Wer ganz alleine die Ergebnisverantwortung für seinen Führungsbereich trägt, sollte es *im Zweifelsfall* besser wissen als andere, die diese Verantwortung nicht tragen. Früher machte das Sinn. Ganz oft.

Ganz oft aber auch nicht. Vor allem dann nicht, wenn ein Vorgesetzter wegen dieses „Ich weiß es besser!"-Anspruchs dachte, er könne alles, sozusagen im Superhelden-Modus, im Alleingang regeln. Das führte oft zu peinlichen bis teuren Solo-Flügen mit bombigen Eigentoren. Bei der Digitalisierung treten diese Eigentore stark gehäuft auf. Da schließt praktisch jeder Alleingang unweigerlich mit einem Eigentor ab. Denn die Digitalisierung funktioniert nicht, wenn nur einer wirbelt, einer alles denkt und macht und alle anderen mehr oder weniger pikiert zuschauen. Digitalisierung ist Teamarbeit.

In der Digitalisierung gilt: Gemeinsam sind wir stark. Natürlich kann, wer 20, 30 Jahre lang im Superhelden-Modus unterwegs war, nicht über Nacht gemeinsam, also kollaborativ denken, planen und handeln. Deshalb heißt das ja „Kollaborationskompetenz": Das ist eine Fähigkeit, die man(ager) bei sich fördern und entwickeln sollte. Am besten in kleinen Schritten.

Die kleinen Schritte leuchten noch jedem ein, aber oft fehlt das nötige Bewusstsein schon für den ersten kleinen Schritt: Man möchte nicht mit anderen teilen, was man früher ganz alleine („Meins!") ausgebrütet hat. Weil man fürchtet, dadurch Status und Macht zu verlieren. Deshalb ist es wichtig, dass man den nötigen Bewusstseinswandel mit dem einleuchtenden Kalkül einläutet und unterstützt: Wer sein Wissen mit anderen teilt, es netzwerk-fähig macht, vergrößert sein Wissen, weil alle anderen im Netzwerk es dann auch so machen. Das Wissen jedes einzelnen wird also nicht schrumpfen, sondern wachsen – und damit sein Status und seine Macht. Daher: Das Sharing von Wissen und Entscheidungskompetenz ist besser als jeder Solo-Trip. Vor allem deshalb, weil auch und gerade in der Digitalisierung einer allein eben nie alles wissen, richten und erreichen kann. Digitale Transformation ist Teamsport, nicht Einzeldisziplin.

## 4.2.6 Lernkompetenz

Das hast du schon vermutet? Natürlich. Wenn es um Digitalisierung geht, muss es ums Lernen gehen. Denn das Digitale ist so neu, das kennt und kann keine(r). Das müssen alle erst lernen. Selbst ausgewiesene Spezialisten lernen täglich dazu. Das ist logisch?

Aber nicht realistisch. Denn in der Realität gehen viele Verantwortliche beim Begriff „Digitalisierung" davon aus, dass sie das „schon verstanden" haben. Mehr oder weniger. Was man halt verstehen muss, um damit umgehen zu können. Fragt man dann vorsichtig einige Schlagwörter nach (siehe Kap. 3), stellt sich das behauptete Verständnis oft als Überschätzung der eigenen Fähigkeiten heraus. Und als Unterschätzung dessen, was man alles lernen sollte. Und jeden Tag kommt ja was Neues hinzu!

Denn die Entwicklungszyklen der Digitalisierung sind extrem kurz. Wöchentlich gibt es neue Innovationen, Trends, Anwendungen, Durchbrüche und Technologien. Also sollte man wöchentlich dazulernen. Und sich nicht auf Position, Status oder Rollenverständnis ausruhen. Natürlich ist „Lernen" hierzulande ein Unwort. Wir alle sind schwer schulgeschädigt. Also verwenden wir ein anderes Vokabular.

Du musst nichts Neues hinzulernen. Du sollst vielmehr täglich neugierig sein auf alles, was die Digitalisierung dir vor die Füße spült. Du sollst dein natürliches Interesse an Innovationen nutzen. Digitalisierung? Interessier dich dafür! Sei offen für das, was die digitale Welt heute wieder diskutiert. Klick dich immer mal wieder in die Foren ein. Hast du heute schon geklickt? Und hör zu und mit, wenn irgendwo die Nerds mal wieder fachsimpeln. Schlag oder frag nach, was du nicht verstehst. Dann bleibst du auf dem Laufenden und auf der Höhe der Zeit – und musst noch nicht einmal etwas dabei „lernen".

In anderen Worten: Vergiss die Schule! Such dir eine Lernform, die dir passt. Ganz gleich welche! Viele Topmanager, Geschäftsführer und Vorstände sind sich nicht zu schade, bei ihrem Lieblingsentwickler, bevorzugten Ingenieur oder ausgewiesenen IT-Spezialisten einmal in der Woche vorbeizuschauen und mit ihm die neuesten Entwicklungen zu diskutieren, nachzufragen, den eigenen Wissensstand auf Vordermann zu bringen: perfekte Lernform. Andere klicken sich dreimal die Woche bei einem Internet-Forum oder auf einen Newsletter ein, der sie auf dem Laufenden hält. Was passt dir am besten? Such dir was Schönes aus – und hol dir das nötige Wissen. Ein Sparringspartner, Mentor oder Coach kann dich dabei unterstützen.

Wenn du Führungskraft bist: Fördere und fordere auch bei deinen Mitarbeitenden das Dazulernen. Wenn du sie in der Kaffeeküche dabei „erwischst", wie sie über die digitale Transformation fachsimpeln: Lobe und fördere das! Wenn du es stärker formalisiert magst, lies dich in bewährte, kollaborative und nicht-direkte Gruppenlernformen wie das Action Learning nach Revans oder die Ansätze zur Lernenden Organisation nach Senge oder Argyris ein. Das kostet Zeit? Lass dir keinen Bären aufbinden. Die Didaktik hat sich mächtig weiterentwickelt, seit du die Schulbank gedrückt hast. Es gibt inzwischen Fünf-Minuten-Seminare, die zum Beispiel von der internen Instandhaltung von Unternehmen der Fertigungs- und Prozessindustrie seit Jahren mit Erfolg eingesetzt werden. Es gibt heute sogar schon Ein-Minuten-Seminare ...

### 4.2.7 Change-Management-Kompetenz

Darauf bist du selber schon gekommen? Aber sicher doch. Alles Digitale ist neu, neu bedeutet Veränderung, Veränderung muss man managen – weil von alleine verändert sich nichts (oder zu wenig und zu langsam und zu reibungsheftig). Der Change passiert nicht von selbst, wir müssen ihn managen. Wie alles, was erledigt werden soll. Mit einem Unterschied.

Das Digitale ist so neu, dass wir mit den alten Phasen-Schemata vom Change Management nicht weiterkommen. Wir können uns nicht auf unser altes Erfahrungswissen zum Management des Wandels verlassen. Es passt nicht ganz auf den digitalen Change. Dafür ist einfach zu vieles gänzlich neu. Zu vieles muss nicht erst gewandelt, sondern sollte und muss zuerst erkundet werden. Diese Phase fehlt in vielen klassischen Prozessen des Change Managements. Neues Terrain erkunden können viele Führungskräfte und Mitarbeiter nicht, weil sie es nie gelernt haben und bisher auch nicht oft genug mussten. Also lernen wir das auch erst mal.

Was beim Digitalen darüber hinaus noch neu ist: Der Change ist nicht wie bei vielen Change-Projekten nach zwei, drei Jahren spätestens durch. Nein, Disruption und Schnelllebigkeit der technologischen Entwicklung bewegen sich so rasant und nachhaltig, dass der Wandel in den nächsten zehn bis 20 Jahren zum Dauerzustand wird: Permanent Transformation Management. Das ist vor allem eine Frage der inneren Einstellung also der Offenheit für Neues (vgl. Abschn. 5.1).

## 4.2.8 Digital Leadership

Das hätten wir uns denken können: Wenn die Digitalisierung alles neu macht, dann braucht es auch einen neuen Führungsstil. Das ist vielen Führungskräften inzwischen klar. Spätestens seit sie Millennials (vgl. Abschn. 3.2.6) führen: Die sind ganz anders als andere Mitarbeiter. Doch selbst viele „Dinos" wollen im digitalen Zeitalter anders geführt werden. Wie?

In der guten alten analogen Zeit war es völlig normal, wenn nicht erwünscht und (von der Firmenkultur) gefördert, dass man mit Command & Control führte: Einer sagt, wo's langgeht und alle anderen führen aus.

Jeder kennt die Verballhornung dieses Führungsstils als „Die Chef-Gesetze":

**Paragraph 1:** Der Chef hat immer Recht.
**Paragraph 2:** Hat der Chef einmal nicht Recht, tritt Paragraph 1 in Kraft.

Das ist ein übler Kalauer – mit einem Körnchen Wahrheit, das in der Führungsrealität ständig zu spüren war und leider oft noch ist. Zum Beispiel wenn der Chef eben alleine entschied, was zu entscheiden war. Wenn politische Spielchen gespielt wurden und die Entscheidungswege so lang waren, dass Entscheidungen oft schon dann überholt waren, als sie endlich getroffen wurden. Ausdruck dieses Führungsstils ist auch das Präsenzprinzip: Wen ich führen will, der muss vor mir sitzen! Dass Millennials ihre besten Leistungen oft zu Hause nachts um halb eins auf dem Sofa liegend und ins Notebook tippend erreichen, ignoriert dieses Prinzip. Der Digital Leader ignoriert es nicht nur nicht – er führt damit. Zum Beispiel mit dem tatsächlich inzwischen oft in digital transformierenden Firmen zu hörenden Bekenntnis: „Es ist mir völlig egal, ob Sie Ihre Arbeit auf den Bahamas erledigen oder im Büro. Ich brauche und kontrolliere Ihre Ergebnisse und nicht Ihre Präsenz auf dem Firmen-Areal! Zum Jour fixe und zu Projektmeetings sind Sie selbstverständlich anwesend."

Der Digital Leader führt nicht per Anweisung, sondern via Zielvereinbarungen (nota: nicht Ziel*vorgaben*). Digital Leadership sagt auch: Jeder ist der Experte für seine Aufgaben und trifft jene Entscheidungen, die unmittelbar seine Arbeitsprozesse betreffen. Der Vorgesetzte regiert nur im Notfall rein: Management by Exception. Der Digital Leader trifft auch keine (digitalen) Entscheidungen eigenmächtig und im Alleingang. Er bedient sich vielmehr des Please-advise-Systems: Er bittet alle seine Mitarbeiter um Rat und Input für seine Entscheidungen. Die fahren voll darauf ab: Sie wollen einbezogen werden. Und das sind lediglich einige Kernpunkte der Digital Leadership. Was haben diese bei dir ausgelöst?

## 4.2.9 Persönliche Konsequenzen: Mindset

Wie reagieren Führungskräfte, wenn sie erfahren, dass sie sich Digital Skills aneignen müssen? Die Mehrheit reagiert eher zurückhaltend schon bei den ersten sechs Fähigkeiten – nur wenige Menschen leben ihre Offenheit für Neues mit Begeisterung aus. Und wenn sie bei den ersten sechs Fähigkeiten schon eher unwillig waren, so steigert sich das bei der siebten, bei der Digital Leadership, in der Regel zu einer überwältigenden inneren Ablehnung. Aus zwei Gründen.

Zum einen fürchten viele Führungskräfte, durch Digital Leadership an Macht zu verlieren. Meist erkennen sie nach einigem Nachdenken, dass sie eher an Macht gewinnen, wenn ihre Millennials und anderen Mitarbeitenden bessere Ergebnisse bringen, sobald sie „digital" geführt werden.

Der zweite Grund für die Skepsis vieler Führungskräfte wiegt schwerer: Sämtliche Digital Skills und insbesondere die Digital Leadership erfordern, dass sich Führungskräfte auch persönlich ändern: ihr Rollenverständnis, bestimmte Teile ihrer Identität, ihr Selbstverständnis, ihr Führungsbewusstsein, ihr ganz persönlicher Führungsstil. Das fällt vielen schwer, was spontane Aussagen illustrieren wie:

- „So bin ich nun halt mal und ich ändere mich auch nicht mehr!"
- „Ich bin, wer ich bin und basta!"
- „Ihr müsst mich schon so nehmen, wie ich bin!"

Die Wissenschaft nennt das einen „Fixed Mindset": Ich bin wie ich bin und ändere mich auch nicht mehr. Es liegt auf der Hand, dass man sich mit so einem Mindset (einer persönlichen Grundhaltung) sehr schwer mit Veränderungen im Allgemeinen und mit der Digitalisierung im Besonderen und insbesondere mit der Digital Leadership tut. Ein Open Mindset, der oft lediglich eines wiederholten persönlichen Entschlusses, täglicher Praxis und viel Geduld mit sich selbst benötigt, erleichtert jedem und jeder die erforderlichen Veränderungen. Oft sagen Führungskräfte mit einem Open Mindset:

- „Ich bin ja nicht mein Job. Ich bin mehr."
- „Ich kann mich täglich neu erfinden."
- „Ich definiere mich nicht über das, was ich einmal war, sondern über das, was ich in Zukunft sein werde."
- „Ich bin offen für alles Neue. Ausprobieren kann man alles."

- „Ich habe mich schon so oft auf ein neues Level gebracht. Ich denke heute ja auch nicht mehr dasselbe wie mit 17 Jahren!"
- „Ich mach das alles ja schon in Ansätzen – ich brauche das lediglich zu intensivieren."

That's the spirit! Das ist der richtige Geist. Der Geist der Veränderung. Besser als eine erstarrte Persönlichkeit ist eine dynamische Persönlichkeit: Alles ändert sich – auch du. Und das ist gut so. Wie Wolf Biermann sagte: Nur wer sich ändert, bleibt sich treu.

## 4.2.10 Problem Solving

Auch diese Fähigkeit leuchtet sofort ein: Die Digitalisierung ist neu und alles Neue macht erst mal, seien wir ehrlich, neben viel Freude und Anfangserfolgen auch gehörig Probleme; gemeinhin Kinderkrankheiten genannt. Nur Menschen, die Probleme mit Problemen haben, finden das beunruhigend oder gar bedrohlich. Echte Problem Solver freuen sich geradezu über jedes neue oder alte Problem: Es juckt sie in den Fingern. Sie können sich beweisen. Sie können damit was bewegen. Und mal ehrlich: Den meisten Ruhm und die meiste Ehre gibt es nicht für Routinetätigkeiten, sondern für das Knacken harter Nüsse. Diese Fähigkeit ist bei dir nicht besonders stark ausgeprägt?

Es gibt viele Möglichkeiten, mit denen du das ändern kannst. Eine der einfachsten ist die Au-ja-Intervention. Dass Probleme dir schwer im Magen liegen, liegt in der Regel an der so unterbewussten wie hoch wirksamen inneren Ablehnung derselben: „Bitte nicht schon wieder! Wo es doch gerade so gut lief! Ich fasse es nicht. Warum muss das jetzt passieren?" Das ist zwar verständlich, macht aber alles nur noch schlimmer, nicht besser, fällt also unter das Etikett der unbewussten Selbstsabotage.

## 4.2.11 Die Au-ja!-Technik

Wir bauen eine mentale Ablehnung auf, indem wir „Oh Gott nicht schon wieder!" sagen. Die simpelste Abhilfe besteht darin, dass du das nächste Mal, wenn ein Problem auftaucht (es taucht garantiert auf) es einfach mal mit „Au ja – ein Problem, wie toll!" probierst. Du musst dieses Ja zum Problem weder glauben noch fühlen noch mit Überzeugung denken. Es reicht, wenn du das Ja einfach nur sagst oder laut denkst. Du wirst sehen: Nach einigen Wiederholungen verändert sich deine Einstellung zu Problemen progressiv und dramatisch. Den Wirkmechanismus dahinter hat William James schon im 19. Jahrhundert sauber ausformuliert: Zwar bestimmen unsere Gedanken unser Handeln. Doch das funktioniert auch umgekehrt: Unser Verhalten verändert auch unsere Gedanken. Wenn wir uns also oft genug „Au ja! – ein Problem" sagen, glauben wir das schon nach ein, zwei Dutzend Wiederholungen – und unsere Problemlösebereitschaft steigt enorm. Was auch nötig ist.

Denn im analogen Zeitalter haben wir das Problemlösen etwas verlernt. Im analogen Tagesgeschäft sind die Probleme, die auftauchen, meist trivial oder linear: Maschine kaputt? Reparieren! Überraschende Auftragsspitze? Überstunden! Chef hat tausend Ideen? Mindestens die Hälfte davon aussitzen! Das funktionierte. Bislang.

Leider sind die meisten Probleme der Digitalisierung nicht linear und nicht trivial, sondern dynamisch und komplex (daher das neue Kunstwort „dynax" – dynamisch und komplex). Mit unserem linearen Denken können wir solche Probleme nur schwer oder überhaupt nicht lösen. Wir brauchen komplexe Problemlösefähigkeit.

## 4.2.12 Komplexe Problemlösefähigkeit

Die komplexe Problemlösefähigkeit als Spezialform des Problem Solving umfasst mehrere Teilfähigkeiten, Methoden und Techniken, darunter zum Beispiel:

- Der Helikopter-Blick: Sich nicht in (technische) Detaillösungen verbeißen, sondern die Lösung vom Blick aufs große Ganze ableiten.
- Salami-Taktik: Ein großes Problem in viele Teilprobleme atomisieren.
- Spezielle Tools wie die 5-Why-Technik: Du hast ein Problem? Warum? Weil deine KI nicht mit deinen Außendienst-Algorithmen spricht. Warum nicht? Weil irgendwas mit dem Code nicht passt. Warum nicht? Weil ... Wer sukzessive fünfmal hintereinander Warum? fragt, löst jedes Problem.
- Muster-Erkennung: Wenn Probleme völlig unlösbar scheinen, versucht man zunächst lediglich, auffällige Muster im Problem zu erkennen – was bereits ein erster Schritt Richtung Lösung ist.
- Zum Lösen komplexer Probleme gehören auch Techniken wie Sondierung, Priorisierung und Kategorisierung oder die Fähigkeit, Neues auf Altes zurückführen zu können.
- Lösungsfokus statt Problemfokus.
- Verändern statt Jammern.

Das Beste an diesen und vielen anderen komplexen Problemlösefähigkeiten: Das ist alles kein Hexenwerk, dafür ist kein Zusatzstudium nötig. Das kannst du dir (und deinem Team) mit etwas Unterstützung durch Bücher, Mentoren, Coaches oder dem Internet komplett selber beibringen. Und wie für alle Fähigkeiten gilt auch hier: Übung macht den Meister und die Meisterin.

## 4.3    Offen für Neues

Wenn ich jedes Mal erschrecke, wenn im Betrieb eine neue digitale Technologie oder Anwendung eingeführt wird, wenn ich darauf mit Stress und Herzrasen reagiere, dann wird die Digitalisierung mich in den Koller treiben. Wenn ich jedoch innerlich damit rechne, dass auch heute wieder Neues auf mich einprasseln wird, bei dem ich zunächst dumm aus der Wäsche schaue, das ich mir aber in einigen Tagen aneignen werde wie alles andere zuvor auch – dann erleichtere ich mir den Umgang mit dem Neuen beträchtlich.

Nicht verkrampftes Festhalten an Altem und Bewährtem gibt die gesuchte innere Sicherheit. Flexibilität, geistige Elastizität, Anpassungsfähigkeit und Agilität verleihen mehr innere Sicherheit und Stabilität als es das vergebliche Anklammern an Liebgewonnenes je geben könnte. Was Neues droht am Horizont? Wenn du „Nein, bloß nicht schon wieder!" sagst, wie fühlt sich das an? Und wenn du stattdessen „Au ja!" sagst, auch wenn du es gar nicht so toll findest, wie fühlt sich das an? Das ist der Unterschied zwischen Rigidität und Akzeptanz. Ein Unterschied, der Welten ausmacht und der den permanenten Wandel auf Erfolgskurs hält.

Natürlich darfst du auch als Führungskraft vom Neuen, vom Digitalen, von dem, was du alles dazu lernen solltest/-möchtest, erst mal geplättet sein, verunsichert und beunruhigt. Aber du solltest das als Führungskraft nicht deinem Team zeigen. Eine Führungskraft macht das mit sich selber aus und kommt innerlich selber wieder auf Kurs. Das nennt man Self-Management oder Innere Führung.

Auch Zuversicht, Vertrauen auf die eigenen Fähigkeiten, Offenheit für alles Neue, gesunde Neugier und ein seriöser Zweckoptimismus sind Tugenden, nein Fähigkeiten, die zu fördern und zu stärken in Zeiten des Wandels kein verzichtbarer Luxus, sondern erste Bürgerpflicht sind. Schau, dass du selber mit Zuversicht und gesundem Vertrauen auf deine Fähigkeiten blickst. Und dann vermittelst du diese Zuversicht und diesen Optimismus auch deinem Team. Damit du die stabile Größe im Wandel, der Fels in der Brandung, der sichere Hafen für deine Leute bist. So wird digitaler Erfolg gemacht.

## Zusammenfassung

Der Erfolg bei der Digitalisierung wird in hohem Maße von den Fähigkeiten jener determiniert, die digitalisieren. Für dieses Vorhaben sind zusätzlich zu den „alten Tugenden" des Wirtschaftens neue, sogenannte Digital Skills nötig. Das Kapitel diskutiert im Überblick acht der wichtigsten digitalen Fähigkeiten und zeigt Wege zu deren Erwerb auf.

# 5

# Die dritte Säule des Erfolgs: Befreite Strukturen und Prozesse
## Kein neuer Wein in die alten Schläuche!

Wie wir gesehen haben, ergibt sich Erfolg bei der digitalen Transformation relativ einfach und systematisch: Es gibt nur drei tragende Säulen. Der digitale Erfolg stellt sich dann ein, wenn du erstens das einschlägige Vokabular (siehe Kap. 3) kennst und die verbreiteten Schlagworte verstehst. Nicht nur, um beim Buzzword Bingo mitreden zu können und dich vor den Kumpels/Mitarbeitern nicht zu blamieren. Sondern auch, um für dich entscheiden zu können: Was die Digitalisierung uns unter diesem Begriff anbietet – taugt das was? Ist das gut für uns? Auch die zweite Säule leuchtet ein: Wer erfolgreich digitalisieren möchte, braucht „the skills that pay the bills", wie es in Amerika heißt: die entsprechenden Fähigkeiten. Wer Erfolg haben möchte, muss was drauf haben; eben die Digital Skills. Was jetzt noch fehlt, die dritte Säule, ist ebenso wichtig wie die ersten beiden: Bitte füll keinen neuen digitalen Wein in alte analoge Schläuche! Erspar dir die Enttäuschung.

© Springer Fachmedien Wiesbaden GmbH, ein Teil von Springer Nature 2019
K. Scheerhorn, *So gelingt digitale Transformation!*,
Fit for Future, https://doi.org/10.1007/978-3-658-27190-9_5

## 5.1 Du kannst das digitale Neue nicht auf das analoge Alte aufstöpseln

### 5.1.1 Praxisbeispiel: Bad Practice

Viele Unternehmen digitalisieren derzeit ihre internen Beschaffungsprozesse. Der Kollege vom Büro nebenan zum Beispiel braucht ein neues Notebook. Bislang hat er dafür ein Formular ausgefüllt, das mit der Hauspost dann zu fünf zuständigen Stellen getragen und dort jeweils unterschrieben wurde. Da der Betrieb digitalisiert, wird nun das Bestellformular digitalisiert, das Papier verschwindet, das Formular wird am Bildschirm ausgefüllt und „unterschrieben" (digital heißt das „validiert"). Soweit alles klar?

Genau das verstehen viele meiner Klientinnen und Klienten unter „Digitalisierung": Ein analoger Prozess, der bislang bereits von jedem vernünftigen Menschen als bürokratisch, zäh, langsam, ineffizient, kostentreibend, overdesignt, starr und vorgestrig empfunden wurde, wird einfach unverändert übernommen und digitalisiert, damit er nach der Digitalisierung auch wieder bürokratisch, zäh, langsam, ineffizient, kostentreibend, overdesignt, starr und vorgestrig sein kann. Wenn man das so liest, liest sich das natürlich hirnrissig an. Aber in vielen Betrieben läuft das exakt so ab. Dabei gibt es nur eine einzige vernünftige Schlussfolgerung, die man aus dieser Bad Practice ziehen kann:

### 5.1.2 Man digitalisiert keine ineffizienten Prozesse!

Man macht sie vielmehr zunächst effizient, dann erst digitalisiert man sie. Als ich den Geschäftsführer des oben erwähnten Betriebs darauf aufmerksam machte, meinte er:

„Stimmt eigentlich. Fünf Unterschriften für ein Notebook?
Das sind drei zu viel." Also reduzierte er die Struktur der
Zuständigkeiten auf zwei. Seither ist dieser Beschaffungs-
prozess nicht nur digital, sondern extrem schnell, kosten-
sparend, mitarbeiterfreundlich und hoch effizient. Und die
drei Verantwortlichen, die nicht mehr unterschreiben müssen?

Sie hatten bei der Beschaffung von Notebooks für den
Außendienst eigentlich schon lange nichts mehr in der Sache beizusteuern. Ihre Zuständigkeit war ein Überbleibsel
aus Zeiten, in denen es noch keine Notebooks gab. Sie hatten lediglich immer noch unterschrieben, „damit alles seine
Richtigkeit hat" – und damit der Beschaffungsantrag im
Schnitt vier Wochen länger lief als nötig. Eigentlich meint
man genau das, wenn man von „digitaler Revolution" spricht.

### 5.1.3  Warum die digitale Revolution revolutionär ist

Einen Arbeitsprozess bloß vom Papier in den Computer zu
verlagern, ist nicht besonders revolutionär. So richtig revolutionär wird die digitale Transformation erst, wenn die
Prozesse nach der Digitalisierung nicht nur digital sind,
sondern schneller, effizienter, effektiver, kostengünstiger,
flexibler, agiler, transparenter, mitarbeiter- und kunden-
freundlicher. Stell dir vor, du machst das in deinem Unternehmen oder deinem Führungsbereich mit sämtlichen Prozessen und Strukturen! Danach erkennst du die Aufbau- und
Ablauforganisation nicht wieder.

Einen starren, lahmen, teuren und kundenfeindlichen
Prozess einfach nur zu digitalisieren, kann nicht Sinn der
Digitalisierung sein – obwohl viele genau das machen.
Warum? Weil sie es nicht besser wissen. Natürlich: Was
Workflow Management und Prozessoptimierung sind, weiß
jeder. Aber dass optimierte Strukturen und Prozesse eine

Grundvoraussetzung für digitalen Erfolg sind, dass wissen nur wenige Verantwortliche (jetzt gehörst du zu diesen wenigen). Dass so viel Ineffizientes digitalisiert wird, liegt jedoch nicht nur am mangelnden Wissen. Es liegt auch an der Rückkopplung aus der Struktur, die optimiert werden sollte.

## 5.1.4 Das Imperium schlägt zurück

Es ist relativ einfach, ein Papierformular als Maske in den Computer zu stellen. Es ist sehr viel schwerer, jenen drei Verantwortlichen, die bestimmte Bestellungen nicht mehr unterzeichnen sollen/müssen, zu sagen: „Wir brauchen euch nicht mehr für Bestellungen mit weniger als 2000 Euro!" Wenn er so etwas hört, stellt sich jeder normale Mensch auf die Hinterbeine und protestiert: „Wollt ihr mich absägen? Was kommt als nächstes? Muss ich mir Sorgen um meinen Arbeitsplatz machen?" Prozesse und Strukturen ändern zu wollen, macht Ärger. Diesem Ärger versuchen wir normalerweise aus dem Weg zu gehen.

## 5.1.5 Menschen sind schwieriger als Technik

Wenn bestimmte Verantwortliche für einen optimierten und digitalisierten Arbeitsprozess nicht mehr notwendig sind oder ihre Abläufe ändern sollten, müsste ich mit den Betreffenden erst einmal reden – und Reden fällt den meisten Menschen deutlich schwerer als Digitalisieren. Normalerweise versuchen wir, uns vor solch schwierigen Gespräche zu drücken. Menschen sind schwierig, Technik ist einfach: entweder an oder aus. Tut oder tut nicht. Technik kann man zusammenlöten, Menschen nicht.

Wer also neue Technik, sprich Digitalisierung, einführen möchte, braucht zwar kein exzellentes Change Management, aber zumindest ein funktionierendes. Es reicht oft schon, wenn man verständnisvoll beschwichtigt: „Nun mach mal halblang. Dein Job ist sicher und niemand kratzt an deinem Status. Du musst lediglich nicht mehr unterschreiben, womit du in der Sache eigentlich schon lange nichts mehr zu tun hattest. Das heißt, du sparst locker eine Wochenstunde mit unnötigem Papierkram. Also sei dankbar. Die neue Entscheidungsfindung nützt dir, sie schadet dir nicht." Kurz und gut: Wer Prozesse und Strukturen verändern möchte, sollte Expectations Management beherrschen.

## 5.2 Expectations Management

Trifft die Digitalisierung auf Menschen, tritt was auf? Widerstand. Skepsis, Zweifel, Reaktanz, Trotz, Ängste, Befürchtungen, Einwände. Das ist normal. Nur wenige Menschen sind so total offen für Neues, dass sie ihm keinen ex- oder impliziten Widerstand entgegenbringen. Schuld am Widerstand sind (irrige) Erwartungen. Wenn Widerstände auftauchen, ist es meist schon zu spät, sie zu managen. Deshalb setzt ein kluger Changemaker an den Erwartungen an, die jedem Widerstand vorausgehen. Was ist die häufigste Erwartung, die Menschen gegenüber Neuem hegen? Ja, natürlich:

### 5.2.1 Das könnte mir schaden!

Der Mensch ist ein vorsichtiges Wesen und nimmt vorsichtshalber bei Neuerungen erst mal an, dass sie ihm schaden könnten (dass er dabei an Status verliert, dass sie sich vor den Kolleginnen blamieren könnte, dass er damit überfordert ist, dass sie von liebgewonnenen Meetings ausgeschlossen wird …). Daran ist die Evolution schuldig: Sie hat uns mit dem Negativity Bias ausgestattet. Raschelte es im Gebüsch, war es im Neandertal sinnvoller, einen Säbelzahntiger als ein Eichhörnchen zu vermuten: Immer erst mal vom Schlimmsten ausgehen. Die unvorsichtigen Neandertaler wurden gefressen und konnten sich nicht mehr fortpflanzen. Also tragen wir alle das Erbe aus dem Neandertal: Befürchtungen, Skepsis, Zweifel.

## 5.2.2 Negative Erwartungen entkräften

Meist werden negative Erwartungen bagatellisiert, marginalisiert, ignoriert: „Nun stellt euch mal nicht so an! Ist doch alles halb so schlimm!" Das ist kontraproduktiv. Mehr noch: Das macht alles nur noch schlimmer. What you resist, persists. Versucht man, Widerstände zu verdrängen, eskalieren sie oder gehen in den Untergrund (oder beides). Widerständen Widerstand entgegenzubringen erreicht nur eines: mehr Widerstand. Wer sie verdrängt, entkräftet keine Widerstände. Wer sie dagegen offen, ehrlich und authentisch anspricht, löscht sie oft in wenigen Minuten – aber auf jeden Fall schneller als wer sie leugnet, verdrängt, vertuscht, verniedlicht oder bagatellisiert.

Als offene Ansprache höre ich in der Best Practice oft: „Natürlich seid ihr besorgt, ob die KI eure Arbeitsplätze bedroht! Wer wäre das nicht? Aber dafür entstehen neue Arbeitsplätze zum Beispiel im KI-Training und im Key Account Management. Und die Qualifizierung dafür bezahlen wir auch noch." Oder: „Ja, da kommen große Herausforderungen auf uns zu. Aber ich garantiere euch: Jeder, der sich einfach nur weiter so für seine Arbeit engagiert wie bisher auch, packt das. Ich unterstütze jeden, der sich reinhängt. Versprochen." Hast du das Muster erkannt? Am wirkungsvollsten überwindet ihr negative Erwartungen, indem du

- sie klar, offen und sachlich (nicht vorwurfsvoll oder abwertend) benennst (Motto „Blood, Sweat and Tears").
- jenes Argument, das die Befürchtung ausblendet, wieder ins Gespräch bringst: die Unterstützung durch dich, die vorhandenen Fähigkeiten der Leute, eventuelle neue Jobs ...
- eine klare Erfolgsaussicht formulierst („Dann packen wir das auch!").
- Unterstützung aufzeigst (keine Pauschalvertröstung, sondern reale und konkrete Maßnahmen).

### 5.2.3 Es geht ans Eingemachte

Ein neues Notebook bestellen? Und dafür nur noch zwei Unterschriften einholen müssen? Das ist ein relativ kleiner, trivialer Prozess. Über diesen hinaus gibt es in jedem normalen Unternehmen Hunderte, wenn nicht Tausende anderer Prozesse. Darunter auch Prozesse, die hoch komplex sind, mit vielen Beteiligten, vielen Variationen, mit vielen möglichen Ergebnissen und Faktoren, die hereinspielen. Prozesse, die teils historisch gewachsen oder politisch gewollt sind oder um bestimmte Personen herum organisiert wurden. Und auch diese diffizilen Prozesse und ihre komplementären Strukturen müssen erst optimiert und dann digitalisiert werden. Das heißt: Es geht ans Eingemachte.

Wer bei den einfachen Prozesse bereits Probleme hat, für den wird das Eingemachte noch schwieriger und die eigentlichen Disruptionen, von denen alle reden, fast unmöglich: zu viel Widerstand, der zu wenig gemanagt wird. Denn die Disruptionen heißen ja so, weil unter ihrem Ansturm komplette Geschäftsmodelle, Berufsbilder, Unternehmen und ganze Branchen in Frage gestellt oder wegfallen werden. Solche monumentalen Umbrüche bewältigt keine Führungskraft und kein Unternehmen, die bereits beim Reengineering von einfachen Prozessen und Strukturen nicht mit den internen Widerständen zurechtkommen. Betrachten wir ein Beispiel.

## 5.3 Best Practice: Der Bestell-Roboter

Im Einkauf haben bis vor kurzem noch zig MitarbeiterInnen Systemkomponenten, Verbrauchsstoffe, Hilfsmittel, Büromaterial und alles andere eingekauft. Der Bedarfsträger füllt ein Papierformular aus, die Einkäufer tippen das Formular in die Bestell-Software und der Lieferant liefert. Heute noch. Morgen schon sitzen dort keine zig Mitarbeiter mehr (wenn es um Standardbestellungen geht). Dann machen den Job die Maschinen.

Dann meldet zum Beispiel einer der 3D-Drucker auf der Fertigungsebene: „Ich brauche neues Pulver für den Druck!" Und „seine" Bestellung geht automatisch an den Lieferanten: von Maschine zu Maschine. Auch beim Lieferanten liest die Bestellung kein Mitarbeiter mehr, sondern eine Maschine, die automatisch das automatisierte Hochregallager informiert und den bestellten Artikel vom automatischen Lagersystem kommissionieren lässt. Das hört sich gruselig an? Dystopisch? Beängstigend? Das ist seltsam. Denn privat machen das viele von uns schon – und es macht ihnen kein bisschen Angst. Im Gegenteil.

### 5.3.1 Privat sind wir oft zukunftskompetenter als im Beruf

Einige von uns bestellen privat bereits nicht mehr von Hand, sondern maschinell. Zum Beispiel mit dem Dash Button von Amazon. Sie klicken sich nicht mehr auf die Amazon-Homepage, rufen ihr Waschmittel auf und füllen das Bestellformular aus. Nein, sie drücken einfach an der Waschmaschine den Button – und (mit Prime-Versand) kommt morgen das neue Waschmittel an die Haustür. Ein Knopfdruck und die hinterlegte Bestellmenge wird geliefert. Wer ganz modern ist, braucht dafür nicht einmal einen physischen Button, sondern drückt einfach den virtuellen Button auf dem Smartphone. Warum können wir so bestellen?

### 5.3.2 Weil die Prozesse und Strukturen es zulassen

Weil Amazon seine Auftragsannahme-, Lager- und Kommissionierprozesse und -strukturen so verändert, organisiert und neu aufgebaut hat, dass du und ich nicht nur am PC, sondern auch mit dem Button oder dem Smartphone und demnächst vielleicht mit dem Brain-Machine-Interface bestellen können. Genau diese Reorganisation von Strukturen und Prozessen meint die digitale Transformation. Genau das verleiht Zukunftsfähigkeit. Nicht, dass man analoge Prozesse digitalisiert oder Papierformulare durch PC-Masken ersetzt. Was heißt das für dich und dein Unternehmen?

### 5.3.3 Alle eure Prozesse und Strukturen müssen auf den Prüfstand!

Das ist nicht so aufwändig, wie es sich anhört. Denn deine KollegInnen, KundInnen oder Führungskräfte sagen sicher schon seit Jahren: „An dieser Ecke sind wir total veraltet!", „Dieser Prozess ist viel zu langsam!", „Warum muss ich mich als Kunde auf den Kopf stellen, bevor was passiert?" Also stehen bereits viele eurer Prozesse und Strukturen seit

Jahren auf dem Prüfstand. Das Prüfergebnis liegt sogar teilweise schon vor! Und die Leute sind motiviert, die Prozesse und Strukturen zu optimieren und zu digitalisieren. Also brauchst du diese günstigen Voraussetzungen bloß noch zu nutzen. Und die Skeptiker ins Boot zu holen (vgl. Abschn. 5.2). Trotzdem macht das natürlich Arbeit. Viel Arbeit. Schwere Arbeit. Du kannst dir einiges ersparen, wenn du diese Arbeit smart organisierst.

### 5.3.4 Work smart, not hard!

Eben weil viele Strukturen und Prozesse optimiert und digitalisiert werden müssen, macht das eine Menge Arbeit. Also: Übernimm dich nicht! Beiß nicht mehr ab, als du und deine Leute schlucken können. Tanz nicht auf sämtlichen Hochzeiten. Iss die Wassermelone nicht am Stück. Teil dir die Arbeit gut ein! Stück für Stück, Projekt für Projekt, Maßnahme für Maßnahme. Mach nicht alles gleichzeitig, sondern eines nach dem andern. Nach vorab aufgestellter Priorität. Und wähle den richtigen Zeithorizont.

Es ist ein Marathon, kein Sprint. Optimierung und Digitalisierung dauern keine Wochen, eher Monate und am häufigsten Jahre. Das ist keine Aktion, sondern ein Prozess. Die Digitalisierung ist kein Event, sondern eine Denkhaltung. Womit fängst du am besten an?

### 5.3.5 Wo beginnen?

Am besten nicht mit den größten Bremsblöcken oder dem komplexesten oder politisch heikelsten Problem. Auch nicht mit jenem, das mit dem größten Blamagepotenzial einhergeht. Und bitte nicht gleich mit einem potenziellen Show Stopper beginnen, der den ganzen Laden zum Stillstand bringen könnte. Am erfolgreichsten sind Führungskräfte, die mit kleinen Pilot-Projekten beginnen.

Vor allem dann, wenn es Projekte sind, für die alle Beteiligten auch einen großen, wichtigen oder dringlichen Handlungsbedarf sehen: Sind die Leute motiviert, stellt sich der Erfolg meist sehr viel schneller und leichter ein. Denn hier sind die Widerstände am geringsten. Am allerbesten ist natürlich, wenn diese kleinen Projekte auch die sicht- und spürbare Unterstützung von ganz oben haben. Dafür kannst du sorgen: Wirb einen hochrangigen Projektpaten an, der beim Team großes Ansehen genießt.

Unter diesen positiven Voraussetzungen stellt sich der Projekterfolg schnell ein – und erste kleine Erfolge von Pilot-Projekten beflügeln für andere, neue, größere Projekte!

## 5.4   Das Struktur-Paradoxon

Strukturen und Prozesse auf Vordermann bringen? Selbst extreme Traditionalisten erkennen und würdigen diese Notwendigkeit. Kein normales Unternehmen hat eine hundertprozentig effektive und effiziente Organisation: Es gibt immer was zu tun!

Das sehen eigentlich auch alle im Unternehmen mehr oder weniger ein. Und alle nehmen sich vor, dass das auch geschehen muss. Das freut mich. Ich verabschiede mich freundlich, bin guter Dinge beim Gedanken ans betreffende Unternehmen, besuche die Firma sechs Monate später und erlebe eine herbe Enttäuschung: Nix ist passiert! Oder es geht viel zu langsam voran. Warum?

### 5.4.1   Alle wollen das, aber keiner ist dafür zuständig

Wirklich alle sehen, dass etwas getan werden muss, dass die alte Organisation dringend optimiert werden muss. Meist ist auch völlig klar, was genau getan werden muss. Doch da das, was genau getan werden muss, Zusatzarbeit bedeutet und alle Verantwortlichen schon mehr als genug mit der eigentlichen Arbeit und allerlei Zusatzprojekten zu tun haben, findet keiner die nötige Zeit, das zu tun, was getan werden muss und was „eigentlich" alle tun wollen.

Im Grunde konstituiert das ein Paradoxon: Etwas müsste die Struktur verändern, verschlanken, optimieren – doch dieses Etwas ist die Struktur selber! Und sie kann sich nicht verschlanken, solange sie noch nicht verschlankt ist! Ein echtes Paradoxon. Wie löst man selbes?

## 5.4.2 Die Gordische Lösung

Als Alexander der Große den Gordischen Knoten nicht lösen konnte, an dem vor ihm schon Hunderte andere Rätsellöser gescheitert waren, löste er ihn nicht, sondern zerschlug ihn einfach – so die Legende – mit seinem Schwert. Eine pragmatische Lösung. Denn „Wir müssen uns ändern, haben aber keine Zeit dafür!" ist rein theoretisch kein lösbares Problem. Das funktioniert nur ganz pragmatisch, indem du zwei Voraussetzungen schaffst.

Erstens: Es muss jemand dafür verantwortlich sein! Denn wenn alle verantwortlich dafür sind, ist keiner dafür verantwortlich und alles bleibt beim Alten. Damit meine ich nicht nur die Digitalisierung als Ganzes, sondern jedes Projekt und jede Maßnahme innerhalb der Digitalisierung: Jedes einzelne davon braucht einen Verantwortlichen. Wer verantwortlich ist, der sorgt auch dafür, dass was passiert. Spätestens dann, wenn man ihn anlässlich eines (verpassten) Meilensteins sanft zur Verantwortung zieht.

Zweitens: Aufgaben werden umpriorisiert oder umverteilt. Es geht nicht, dass Optimierung und Digitalprojekte „obendrauf" gesattelt werden – auch wenn das in vielen Unternehmen unter dem Druck der Gegebenheiten gängige

Praxis ist („Eins geht immer noch rein!"). Wir alle haben schon genug zu tun und genug Projekte auf dem Buckel. Nein, die Erfolgreichen machen es vor: Sie priorisieren neu. Einige ältere Projekte wandern in der Prio-Rangfolge nach unten, einige Digitalprojekte und die damit verbundene Lean Organisation von Prozessen und Strukturen wandern nach oben. Damit schafft man die nötige Zeit. Merke: Zeit hat man nicht (niemand von uns), man schafft sie sich. Indem man neu priorisiert oder Aufgaben anders verteilt.

Dreht man das Ganze übrigens um, ergibt sich daraus ein Lackmus-Test für die Frage: Wie ernst meint es ein Unternehmen mit der Digitalisierung? Nur wer repriorisiert und damit Kapazitäten freistellt, meint es wirklich ernst und hat am Ende auch Erfolg. Alle anderen geben Lippenbekenntnisse ab der Marke „Wasch mir den Pelz, aber mach mich nicht nass": „Wir müssen digitalisieren, nehmen uns aber nicht die Zeit dafür."

Eine Zukunft haben zu wollen und keine (ausreichende) Personalkapazität dafür abzustellen – das passt nicht, das geht nicht, das nimmt keiner ernst. Es sei denn, der Leidensdruck im Unternehmen ist so groß, dass die Leute praktisch gezwungenermaßen massig Überstunden und Wochenendarbeit schieben. Das geht dann aber auch nur wenige Monate gut (bis die Leute ausbrennen, krank werden oder kündigen). Die Digitalisierung jedoch dauert deutlich länger als wenige Monate.

Gibt man den Leuten Zeit, dann digitalisieren sie auch.

## 5.5  Der innere Schweinehund

Wenn Veränderung so einfach wäre, gäbe es keine Diäten. Wir würden „einfach" nur weniger essen und ganz automatisch abnehmen. Leider ist dem nicht so. Veränderung ist praktisch gleichbedeutend mit Widerstand.

Bei der Optimierung der Organisation vor einer Digitalisierung ist einer der heftigsten Widerstände: Alle sehen mehr oder weniger klar, dass bestimmte Prozesse und Strukturen geändert werden müssen. Doch tief drin in einem Großteil der Beteiligten wabert das unbestimmte, aber umso intensivere Gefühl: „Im Grunde soll alles beim Alten bleiben, weil wir uns so schön daran gewöhnt haben!" Der Mensch ist ein Gewohnheitstier. Da hilft nur eines: Die Fraktion der Willigen soll vormachen. Nichts überzeugt besser und schneller als wenn respektierte KollegInnen vormachen, wie es geht. In jedem Unternehmen finden sich welche, die nicht so intensiv gewohnheitsgeschädigt sind und gerne und gut vormachen. Finde und beauftrage sie!

Ein weiteres Problem des inneren Schweinhunds: Alle sehen ein, dass sich was ändern muss. Was genau sich ändern muss, ist auch schon klar, aber es ändert sich nichts oder zu langsam, weil jeder auf den anderen wartet. Abteilungs- und Bereichsleiter könnten eigentlich schon lange etwas an ihren Prozessen und Strukturen ändern, machen das aber nicht, weil: „Wir brauchen dafür erst das Top-Management-Commitment!" Wieso? Seid ihr nicht selber gestandene ManagerInnen? Ihr seid doch keine kleinen Kinder, die auf die Erlaubnis von Papa oder Mama warten müssten. Ihr seid Führungskräfte. Also führt!

Das ist jetzt ein wenig ungerecht, denn wer seit zig Jahren machen muss, was ihm oder ihr von oben angewiesen wird, tut sich natürlich erst einmal schwer damit, selber zu denken, selber zu machen und selber voranzugehen. Das kostet Überwindung und fällt jenen noch am leichtesten, die sich das Selberdenken nicht völlig austreiben ließen. Diese sollten von ganz oben ermutigt werden, Vorreiter zu spielen und schon mal loszulegen, auch ohne dass „die da oben" ihnen jeden Schritt haarklein vorgeben und genehmigen.

Wenn diese Vorreiter dann vorreiten und auch mal ein Hindernis abwerfen, grätschen manche Geschäftsführungen dazwischen und machen den Vorreitern Vorhaltungen: Eines der besten Rezepte, um die Digitalisierung schlagartig zu beenden. Denn alle anderen Führungskräfte und Mitarbeiter im Unternehmen denken oder sagen daraufhin: „Wenn es nicht mal die Vorreiter schaffen und dafür auch noch abgewatscht werden – dann wären wir ja schön blöd, wenn wir uns engagieren würden. Also sitzen wir das auch noch aus."

## 5.6 Engpasszentriertes Vorgehen

Digitalisierung ist Change und Change ist nur erfolgreich mit Change Management. Das wissen praktisch alle, aber nur wenige praktizieren es. Denn die Technologien der Digitalisierung sind so eindrucksvoll, modern und teilweise utopisch, dass viele Verantwortliche sich völlig auf die Technik kaprizieren, die Prozesse und Strukturen aus den Augen verlieren und mit ihnen die Menschen, die diese Prozesse ausführen und Strukturen besetzen. Das führt zu Reaktanz.

Das heißt zu Widerstandsverhalten der Marke: „Warum sollten wir etwas ändern? Läuft doch gut so. Hat sich doch bewährt. Never change a winning process!" Diese Einstellung ist das Ende jeder sinnvollen Digitalisierung. Menschen sind nur dann bereit, Prozesse und Strukturen zu verändern, wenn ihre Widerstände nicht abgetan, sondern ernst genommen werden. Wenn man die Veränderungen nicht nur anweist, sondern Mitarbeiter und Führungskräfte dabei unterstützt. Auch und gerade dann, wenn es erwartbare Probleme, Fehlschläge und Anlaufprobleme gibt. Aber vor allem dann, wenn man jeden kleinen Erfolg bei der Umstellung von Prozessen und Strukturen gebührend herausstellt, anerkennt und feiert: Nothing succeeds like success.

## Zusammenfassung

Einen alten, analogen, ineffizienten Arbeitsprozess einfach bloß zu digitalisieren, macht keinen Sinn, wird aber oft so praktiziert und dann als „Digitalisierung" verkauft. Der Prozess mag dann digital sein, doch „Digitalisierung" ist das nicht. Nicht, solange der alte, analoge, ineffiziente Prozess nicht vor der Digitalisierung verschlankt und effizient gemacht wird. Dito Hierarchien, Zuständigkeiten und Strukturen: Erst optimieren, dann digitalisieren. Engpassfaktor ist dabei weniger die Technik als der Mensch. Seine Fehlerwartungen bremsen den digitalen Wandel, sofern sie nicht mit geeigneten Mitteln wie dem Expectations Management korrigiert werden.

# 6

# Vorsicht, Falle!
## Die 30 beliebtesten Digital-Irrtümer

Es ist erstaunlich, wie viele Fehler bei der Digitalisierung gemacht werden: absolut vermeidbare Fehler. Wenn sie das sind, wenn sie tatsächlich vermeidbar sind – warum werden sie dann nicht vermieden? Gute Frage, einfache Antwort: Weil die meisten Führungskräfte, die digitalisieren, diese Fallen nicht kennen oder zu spät erkennen. Deshalb wundert es keinen, dass so viele immer noch auf sie hereinfallen. Das stellen wir ab. Indem du die häufigsten Irrtümer kennenlernst. Ein Irrtum, den du als solchen erkannt hast, ist keiner mehr und kann dir nicht mehr schaden.

### 1. „Bevor wir diese Idee dem Chef vorlegen, müssen wir das erst noch ordentlich aufbereiten!"

Eigentlich ist das normal, oder? So machen wir das immer. Wir legen dem Chef keine unausgegorenen, halb garen Ideen vor. Wir recherchieren gründlich, analysieren unsere Funde, arbeiten ein Konzept aus, bereiten es auf, machen es präsentabel.

© Springer Fachmedien Wiesbaden GmbH, ein Teil von
Springer Nature 2019
K. Scheerhorn, *So gelingt digitale Transformation!*,
Fit for Future, https://doi.org/10.1007/978-3-658-27190-9_6

Bei der Digitalisierung sollten wir das lieber bleiben lassen. Denn während ihr die Idee noch gründlich aufbereitet und an einer knackigen Präsentation arbeitet, stehen die Chancen gut, dass ihr von irgendwem überholt werdet, der weniger Wert auf Powerpoint-Pomp legt. Die Digitalisierung ist im ICE-Tempo unterwegs und ihr feilt immer noch an der Aufbereitung einer Idee herum? Das ist nicht gut, das ist Perfektionismus. Und Perfektionismus ist die Handbremse der Digitalisierung.

Probiert lieber das Prinzip Beta-Version: Zeigt dem Chef doch einfach die Rohfassung der guten Idee! Wenn er geistig nicht so fit ist, dass er die fehlenden Teile im Geiste ergänzen kann, ist das ohnehin das größere Hindernis. Mehr noch: Werft die gute Idee doch gleich mal auf den Markt! Uptraden und upgraden könnt ihr sie danach immer noch. Das erste iPad konnte im Vergleich zur heutigen Version praktisch nichts – und wurde trotzdem oder gerade deshalb (weil es das erste war) ein Millionenseller. Weil niemand sagte: „Das müssen wir erst noch ordentlich ausfeilen, bevor wir das dem Chef/den Kunden zeigen können!"

Du hast eine Idee? Dann skizziere sie grob und geh mit der Skizze zu Kollegen, Kunden und Vorgesetzten und bring in Erfahrung, wie deine Idee ankommt. Dann werft ihr eine Beta-Version auf den Markt und verbessert diese kontinuierlich – nach dem Markteintritt. Diese Falle kriegt dich nicht!

### 2. „Wir liefern Qualität!"

Ja, natürlich – was sonst? „So einen unausgegorenen Kram können wir den Kunden doch nicht zumuten!" Das gilt für Motoren, Maschinen und PR-Kampagnen. Für alles Digitale gilt es nicht. Wenn Amazon mit seinem ursprünglichen Markteintritt gewartet hätte, bis die 24-Stunden-Belieferung stand, hätte sich das Unternehmen Milliarden durch die Lappen gehen lassen. Denn die 24-Stunden-Belieferung kam erst Jahre nach dem eigentlichen Markteintritt des Online-Warenhauses.

Im Digitalen denken wir anders: Das läuft in groben Zügen? Dann raus an den Markt damit! Der Kunde wird uns schon sagen, was er besser haben möchte – und das kriegt er dann auch nach und nach.

Natürlich besprichst du das vorher mit dem Kunden: „Ihr kriegt das, absolut! So schnell wie möglich. Sicher noch nicht im kompletten Umfang, aber auf jeden Fall als tolle Basis-Version – und die ist schon super!" Klingt gut? Klingt einfach? Leider alles andere als das! Denn hierzulande haben wir uns die typische Ingenieursdenke (nichts gegen Ingenieure!) angewöhnt und uns selber darauf gedrillt, stets 120 Prozent abzuliefern („Das Beste oder gar nichts!"). Überall. Immerzu.

Doch überall und immerzu ist das nicht sinnvoll, wie auch ein Schraubenzieher, so nützlich er ist, *nicht überall* nützlich ist. Suppe zu löffeln fällt damit zum Beispiel recht schwer. Frag dich lieber: Was verhindern wir, wenn wir an einem überzogenen Qualitätsanspruch festkleben? Meist ist beim Digitalen das Verhinderte so umfänglich und attraktiv, dass es euch leichter fallen wird, lieber dort perfekt zu sein, wo es auch sinnvoll ist, honoriert wird und nichts Großartiges verhindert.

Dieses neue, digitale Verständnis von Qualität leuchtet dir ein, aber nicht deinen Vorgesetzten? Deshalb bist/wirst du BrückenbauerIn: Um das Licht auch jenen zu bringen, die noch im Dunkeln sitzen. Lass dir Zeit dabei und bleib dran! Außerdem: Du musst nicht auf „die da oben" warten. Das ist nämlich schon die nächste Falle:

### 3. „Wir brauchen erst Topmanagement-Commitment, bevor wir loslegen können!"

Und das dauert. Und dauert. Wochen bis Monate, wenn nicht Jahre, bis eine Idee durch sämtliche Hierarchieebenen durch ist. Weil der Lenkungsausschuss, das Steering Committee oder das Review Meeting erst wieder in vier Wochen zusammenkommt. Dann fällt der nächste Termin leider auch noch aus oder wir rutschen mit unserer Idee von der Tagesordnung und werden aufs nächste Mal verschoben – muss ich wirklich erläutern, warum alles so lange dauert wie es leider heutzutage oft dauert?

Also ist Topmanagement-Commitment doch keine so gute Idee – eher eine Bremse. Und das noch aus einem zweiten Grund, genauer: einer Annahme. Nämlich der Annahme: Sobald du Topmanagement-Commitment hast, läuft alles wie geschmiert. Das tut es aller Regel nach nicht. Denn wenn die da oben etwas abnicken, heißt das noch lange nicht, dass die da unten alle das auch umsetzen. Vor allem dann nicht, wenn das Topmanagement eure Idee bloß abnickt und nicht aktiv mitträgt. Also warte nicht auf den Segen des Papstes. Hol dir den Segen vom Dorfpfarrer und leg schon mal mit allem los, was du auch ohne Rückendeckung von ganz oben realisieren kannst. Wenn du bereits kleine Anfangserfolge vorzuweisen hast, kommt das Placet von oben auch eher und schneller.

### 4. „Die Dinos bremsen – aber die Millennials werden es schon richten!"

Es gibt in allen Unternehmen, so klein sie auch sind, Mitarbeiter und Führungskräfte, die es nicht so mit dem Digitalen haben und welche, die digital-affin sind. Erstere bremsen, letztere geben mächtig Gas – und dazwischen wird die Firma samt Kunden kaputt gefahren wie jedes Auto, das mit Vollgas fährt, während die Handbremse noch angezogen ist.

Selbst wenn die Millennials die Oberhand gewinnen, läuft die Digitalisierung dann eben handgebremst ab –

denn „Die Dinos" hören ja nicht auf zu bremsen. Außerdem: Gebremste Millennials sind frustriert, brennen aus oder gehen zur Konkurrenz. Das Bremsen zu ignorieren oder allein auf die Millennials zu setzen, hilft also nicht. Was hilft, sind BrückenbauerInnen (vgl. Abschn. 3.2.6 und 4.2.1). Sowohl funktionell als auch institutionell. Das heißt: Sowohl Dinos als auch Millennials sollten sich bei allem, was sie tun, der Funktion des Brückenbauens bedienen und die jeweils andere Seite nicht bekämpfen, sondern ihr goldene Brücken bauen. Wenn Führungskräfte beide Seiten regelmäßig daran erinnern, machen beide Seiten das erfahrungsgemäß auch mit der Zeit immer besser. Jedenfalls öfter und intensiver als sie es ohne Erinnerungshilfe tun.

Es sollte auch eine offizielle Institution des Brückenbauens geben. Ein Netzwerk von Brückenbauerinnen und Brückenbauern, auf das ihr euch verlassen könnt. Moderatoren, Mediatoren, Brückenbauer – alles ungefähr dieselbe Schule, die nur ein Ziel hat: Zusammenzubringen, was zusammen gehört.

### 5. „Das geht nicht, das dürfen wir nicht, das können wir nicht machen!"

Solche geistigen Bremsen kommen bei der digitalen Transformation nicht von ungefähr, sondern aus der Erfahrung: Das durften wir früher nie, also dürfen wir es heute auch nicht. Doch so funktioniert die Digitalisierung nicht. Hier gilt im Gegenteil: Anything goes!

Alles ist zunächst einmal erlaubt.

Doch diese Generalerlaubnis muss erst jemand geben. Führungskräfte müssen einen organisatorischen Rahmen schaffen, müssen Arbeitsgruppen bilden, denen sie immer und immer wieder glaubhaft versichern (bis sie es glauben und umsetzen): Es gibt keine Verbote oder Limitierungen jeder Art! Sky is the limit! Denkt, was ihr wollt! Es herrscht ultimative Gedankenfreiheit.

Manchmal dauert es ein wenig, bis die Leute an der Basis es wirklich glauben können, dass die alten Denkverbote nicht mehr gelten. Wichtig ist vor allem, dass die Führung sich konsistent verhält und nicht gleich bei der ersten grenzgenialen Idee herausplatzt: „Das geht aber nicht! Sowas haben wir ja noch nie gemacht!" Das Wort ist mächtiger als das Schwert und solche Worte richten mächtig viel Schaden an. Tapp nicht in diese Falle! Und gib deinem Vorgesetzten diese Textstelle oder am besten das ganze Buch, wenn er oder sie in diese Falle tappt.

### 6. „Das kann ich nicht, das mach ich nicht, wie soll das denn gehen?"

Das ist die am weitesten verbreitete Einstellung von Führungskräften und Mitarbeitern, wenn es um die Digitalisierung geht. Neues wird üblicherweise mit Skepsis empfangen, mit Zweifeln, Zögern, Abwarten, Ängsten, Unsicherheit und Einwänden: „Das kann ich nicht!" Das ist verständlich – und ein Irrtum. Natürlich kannst du das!

Vielleicht nicht auf Anhieb – aber das verlangt ja auch keiner. (Wenn es jemand verlangt: Ignorier ihn oder sie!) Spring über deinen eigenen Schatten! Gib dir einen Ruck! Think out of the box! Flüchte aus der engen Zelle deiner gewohnten Gedanken. Denke, was du sonst nicht denkst. Tu, was du sonst nicht tust. Gib auch prima facie weit hergeholten Ideen eine Chance (oder zwei).

Und halte dich zunächst mit Totschlagargumenten zurück. Mach erst mal mit, bevor du den Tanz wie ein Mauerblümchen verweigerst. Das kostet alles mächtig Überwindung? Klar, doch wie du weißt: Die meisten Dinge, die sich immens lohnen, kosten anfangs etwas Überwindung. Und vergiss deine Angst vor Fehlern. Wer Neues ausprobiert, hat ein unveräußerliches Menschenrecht darauf, Fehler zu machen. Wie viele? So viele wie nötig. Wenn du also Mist baust – und du wirst! – und jemand mault dich deswegen an, dann sag ihm oder ihr: „Im Digitalen gilt eine neue Fehlerkultur: Fail Fast! Bitte halte dich daran! Sie wird auch dir nützen."

### 7. „Das haben wir doch schon mal probiert und es hat nicht funktioniert!"

Wer sagt dir (oder deinem Chef), dass es diesmal ebenfalls nicht funktionieren wird? Deine Erfahrung? Weil du der Experte bist? Expertentum ist bei der Digitalisierung eher eine Bremse als eine Hilfe. Denn die Digitalisierung sagt: Alles ist prinzipiell möglich – lass es uns erst mal probieren. Probieren geht über Studieren. Erst mal machen.

Leider haben „Experten" die Neigung, bei neuen Ideen zunächst all jene Gründe aufzuzählen, warum das nicht funktionieren kann. Das motiviert nicht. Außerdem verhindert es nicht, dass irgendein Mitbewerber sich von den (eingebildeten) Hindernissen nicht abhalten lässt und schon mal loslegt. Hat Google sich von den Anfangsschwierigkeiten abhalten lassen?

Zu jedem erfolgreichen Vorhaben der Menschheitsgeschichte haben irgendwelche Experten gesagt: „Geht nicht!" Das Geheimnis des Erfolgs liegt darin, sich von Unken und Kassandras nicht kirre machen zu lassen und schon mal einen Versuchsballon zu starten. Hör nicht auf die Brems-Experten. Hör auf jene, die die Welt verändern.

Hör dir gelegentlich selber zu, was du alles im Laufe eines Tages für unmöglich, schwierig oder problematisch erklärst. Willst du wirklich ein Chancentöter sein? Möchtest du Recht haben oder Erfolg? Natürlich sollst du nicht unvorsichtig oder fahrlässig werden. Doch unnötig bremsen solltest du auch nicht. Oder deinen Expertenstatus auf

Kosten des Unternehmenserfolgs pflegen. Der Experte der Zukunft ist nicht der, der bremst, sondern der, der Dinge möglich macht.

### 8. „Das muss der Chef entscheiden!"

Nein, das muss er nicht! Nicht in der Digitalisierung. Hoffentlich weiß er das (sonst gibst du ihm dein Buch, auf dieser Seite aufgeschlagen). In der digitalen Welt darfst, sollst, kannst, ja musst du dir selber eine eigene Meinung bilden und diese auch gegenüber dem Chef vertreten. Denn wenn du das Denken und Entscheiden an den Chef delegierst, verabschiedest du dich innerlich von der Digitalisierung und deine Motivation geht in den Keller. Außerdem entgehen deinem Chef und deinem Unternehmen dann deine genialen Ideen und das bremst die digitale Transformation weiter.

Den einen macht es Spaß, (wieder) selber zu denken und entscheiden zu wollen. Andere tun sich damit zunächst schwer, weil sie es zu lange gewohnt waren, den Pferden und den Chefs das Denken zu überlassen. Das trifft auch auf dich zu? Dann probier das eigenständige Denken doch einfach ein, zwei Mal am Tag. Ich verspreche dir: Du wirst schnell Spaß daran finden!

### 9. „Ich bin hier der Chef, ich entscheide das!"

Das ist der spiegelbildliche Irrtum zum vorangegangenen Denkfehler. Vor der Digitalisierung waren die meisten Unternehmen hierarchisch organisiert: Der Chef entscheidet. Die superschnellen Start-ups und die sehr erfolgreichen Big-Tech-Firmen haben dieses Topdog-Prinzip nicht abgeschafft.

Doch sie haben es entscheidend modifiziert: Alle entscheiden jetzt mit – wenn es ums Digitale geht.

Also lass los, wenn du ein Chef bist. Es wird immer noch genügend Entscheidungen geben, die du alleine triffst. Doch wenn es ums Digitale geht, dann fordere deine Mitarbeiter auf, aktiv mitzuentscheiden. Wie weißt du, was du alles loslassen sollst? Einfach: Wenn eine einsame Entscheidung den Laden aufhalten würde oder Motivation und gute Ideen killen würde – dann lass es und lass andere mitentscheiden.

Natürlich trägst immer noch du die letztendliche Verantwortung als Chef! Dieser Gedanke ist vielen Vorgesetzten ein Trost, denen es nicht recht ist, wenn andere plötzlich mitreden dürfen und sollen. Das betrifft vor allem Mikro-Manager, die auch noch die Büroklammern auf dem Schreibtisch ihrer Mitarbeiter zählen. Sie sind der Tod jedes (schnellen) Wandels. Manchmal sagt ein Klient, eine Klientin im Coaching zaghaft: „Ich hab leider auch die Tendenz zum Mikro-Management." Du ebenfalls? Von dieser Sucht kommst du runter, das schaffst du. Schritt für Schritt. Dafür brauchst du keine Jahre, höchstens Wochen. Einsicht ist der erste Schritt zur Besserung.

### 10. „Aber das ist doch unser Bestseller, der läuft doch wie geschnitten Brot!"

Dieser Einwand kam ganz sicher auch, als Kodak bereits in den 1970er-Jahren die Digitalkamera entwickelte, dann aber nicht auf den Markt brachte. Denn die Digitalkamera hätte ja die Kamera mit lichtempfindlichem Film verdrängt und dieser Film lief wie geschnitten Brot. Damals noch. Aber für wie lange? Das ist die generelle Frage in Zeiten des digitalen Wandels. Oder anders gefragt:

• Das, was sich bei euch jetzt noch super verkauft, wie lange brauchen das die Leute noch?

- Ein, zwei Jahre?
- Welche digitale Konkurrenzversion eures Bestsellers könnte diesen verdrängen?
- Würde sich dadurch euer Geschäftsmodell ändern?
- Wie könnt ihr selber eine digitale Version entwickeln?
- Oder gleich was ganz Neues, Anderes, Digitales starten?

Das sind disruptive Fragen? Allerdings. Das bedeutet der Ausdruck „disruptives Denken". Also sprich mit den Kunden, mit euren Millennials, mit den Trendsettern, beobachte Trend-Datenbanken und euren Chancen-Radar (sofern vorhanden): Was könnte kommen? Und wie könnte es euren Bestseller tangieren? Mach dir disruptive Gedanken, bevor andere dich disrumpieren. Wenn du dir keine disruptiven Gedanken machst: Deine Konkurrenten, die BigTech-Firmen und die Start-ups machen sie sich garantiert. Mach mit! Denk mit!

### 11. „Die Leute sollen endlich in die Gänge kommen!"

Das tun sie offensichtlich nicht (sonst müsstest du dich nicht beschweren). Warum nicht? Mit hoher Wahrscheinlichkeit haben sie schlicht Angst vor dem digitalen Wandel. Sie fürchten um ihre Arbeitsplätze, um Status, Einfluss und Gehalt. Sie fürchten, vom Wandel überfordert zu werden, sich vor anderen zu blamieren. Wer fordert „Die Leute sollen endlich in die Gänge kommen!" hat zwar recht mit dieser Forderung, ignoriert jedoch die zugrunde liegenden Ängste und Befürchtungen, die absolut berechtigt, menschlich und verständlich sind. Mit Ignorieren löst man selten Probleme.

Besser ist: Transparenz. Sag den Leuten klar, deutlich und bei jeder Gelegenheit: „Die nächsten X Jahre sind eure Jobs auf jeden Fall sicher, weil …!" Eine gute Begründung sind zum Beispiel langfristige Aufträge, nachhaltige Modelllaufzeiten oder Projekte mit langer Laufzeit. Eine gute Begründung sind auch strategische Veränderungen im Zuge der Digitalisierung: „Wir brauchen in fünf Jahren nur noch die Hälfte der Juristen im Contract Management – danach setzen wir alle Juristen, die das wollen und sich weiterqualifizieren, in anderen Abteilungen ein!"

Viele Verantwortliche meinen oder sagen: „Bis wir soweit digitalisiert haben, dass es Arbeitsplätze kostet, ist es noch weithin, das hat die Leute noch nicht zu interessieren!" Das ist eine verbreitete Einstellung. Sie sorgt dafür, dass „die Leute" auch weiterhin nicht in die Gänge kommen und den Wandel nicht vorantreiben. Weil die Leute sich eben heute schon Sorgen machen.

Wer Angst hat, mit dem muss man vernünftig reden. Wer redet, vertreibt Ängste. Wer schweigt oder pauschal beschwichtigt, treibt die Ängste in den Untergrund. Schweigen ist Silber, Reden ist Gold.

### 12. „Das schaffen wir!"

Das habe ich nicht mit „Reden ist Gold" gemeint. Man kann einem Menschen seine Angst nicht ausreden. Das funktioniert bei kleinen Kindern schon mit dem Monster unterm Bett nicht. „Da ist kein Monster!" Das glaubt kein Kind – und kein Erwachsener, der Angst hat, dass „Das KI-Monster" demnächst seinen Job frisst.

Ängste gehen nicht weg, indem man sie pauschal wegzureden versucht, indem man beschwichtigt, überredet, bagatellisiert, die Sorgen lächerlich macht. Sie gehen nur dann weg, wenn du sie identifizierst, konkret ansprichst und konkrete Ressourcen nennst oder Hilfen anbietest, zum Beispiel: „Ich weiß, ihr habt Angst, dass euch die Digitalisierung überfordert. Aber das lasse ich nicht zu! Wir gehen die neuen Prozesse, Algorithmen, Bots und KI's so lange gemeinsam durch und üben das, bis es auch der letzte drauf hat. Versprochen!" So einfach ist das? Natürlich. Einfach, aber nicht leicht. Weil viele Vorgesetzte selber ein wenig Angst vor emotionaler Kommunikation haben, kriegen sie solche Worte nur schwer über die Lippen. Deshalb sollten sie sie üben. Und deshalb sind auch BrückenbauerInnen so wichtig: Sie sagen, was zu sagen ist. Weil sie es können oder gelernt haben.

### 13. „Die sollen sich reinhängen und nicht diskutieren!"

Ja, klar, denn dafür werden sie ja bezahlt! Wer sagt/denkt sowas? Jemand, der Menschen wie Maschinen behandelt. Eure Firma digitalisiert und die Leute dürfen das nicht diskutieren? Das ist unmenschlich. Das ist Selbstsabotage. Man kann erwachsenen Menschen nicht den Mund verbieten ohne desaströse Folgen für deren Engagement. Wer Diskussionen unterbinden will, sorgt zuverlässig dafür, dass sich die Leute weiterhin nicht reinhängen und dann eben im Untergrund munter weiter diskutieren.

> Verbiete Diskussionen nicht! Klink dich darin ein!

Diskutier vernünftig mit und überzeug die Leute mit der Qualität deiner Argumente und die Qualität deiner Beziehungskompetenz. Das überzeugt. Redeverbote haben noch keinen überzeugt. Trotzdem waren sie natürlich in der alten Zeit en vogue: Command & Control. In der neuen Zeit funktionieren Verbote nicht wirklich. Aber das muss man als Führungskraft erst für sich erkennen und dann auch umsetzen (wollen).

Der Mitarbeiter im digitalen Wandel erwartet nicht, dass der Chef ihm den Mund verbietet. Er erwartet, dass der Chef ein Mensch ist und auch den Mitarbeiter wie einen Menschen behandelt. Das ist die Mindestvoraussetzung für eine erfolgreiche Digitalisierung. Sie fällt vielen Chefs schwer. Dir nicht? Dann herzlichen Glückwunsch! Du wirst Erfolg im digitalen Wandel haben. Und deine Leute werden felsenfest hinter dir stehen – und sich reinhängen (und weiter munter mitdiskutieren).

### 14. „Wir brauchen ein Superprojekt!"

Also ein Projekt mit Millionenbudget und 240 Teammitgliedern – sonst wird das nichts mit der Digitalisierung! Das denken viele. Wie gesagt: ein Irrtum.
Denn Großprojekte tun was? Sie scheitern leider meist oder verzögern sich oder enttäuschen die Erwartungen. In disruptiven Zeiten ist das fast der normale Verlauf von Großprojekten. Und scheitert das Großprojekt, dann sinkt die Yacht. Deshalb gibt es im digitalen Zeitalter die „Schlauchboot-Strategie".
Verabschiede so viele Schlauchboot-Projekte wie du willst und wie ihr stemmen könnt! Ohne Gefahr! Denn wenn ihr – was unvermeidlich ist – ein Schlauchboot versenkt, schwimmt die Yacht locker weiter und bleibt auf Kurs. Also: Statt eines oder weniger Großprojekte lieber viele kleine Projekte aufschienen und realisieren. Denn die haben eher und schneller Erfolg und: Nothing succeeds like success.

### 15. „Wir brauchen einen Fünf-Jahres-Plan für den digitalen Wandel!"

Diesen Plan arbeiten wir dann Schritt für Schritt ab. Denken viele. Wie klug ist das? Wo wir doch ganz genau wissen, dass in unseren stürmischen, digitalen Zeiten nächste Woche schon alles anders sein kann? Weil irgendein Tüftler den Teleporter erfindet? Oder den 5D-Drucker?
Am besten macht ihr Projektpläne für die Digitalisierung also höchstens für ein Jahr und unterwerft diese darüber

hinaus der rollierenden Planungskorrektur. Ein Plan ist in unseren stürmischen Zeiten nicht mehr das, was in Stein gemeißelt ist, sondern das, was sich in permanenter Revision befindet. Und komm mir nicht mit Transparenz! Die Netzplantechnik hat schon vor Jahrzehnten tolle Instrumente entwickelt, mit denen sich selbst tägliche Plananpassungen sauber und aufwandsarm ausführen und sehr übersichtlich darstellen lassen. Die Welt dreht sich? Der Plan dreht mit!

Ein smarter, flexibler, moderner Plan schreibt dir nicht auf die dritte Kommastelle vor, was du zu tun hast, sondern gibt dir lediglich Richtung und Orientierung vor. Trotzdem werden natürlich immer welche sagen, sobald du einen Plan umwirfst: „Aber das haben wir doch damals so vereinbart!" Ja, damals – und heute ist das leider überholt. Die üblichen Skeptiker werden auch sagen: „Ihr habt ja keinen Plan von der Sache!" Doch, haben wir: Die grobe Richtung stimmt und die Feinjustierungen nehmen wir en passant, im Laufen, unterwegs vor, weil diese sich ohnehin nicht vorab planen lassen: Plan as you go!

## 16. „Die verdammten Roboter und KI's werden uns irgendwann alle ersetzen!"

Ja, das ist durchaus möglich (wenn auch nicht wahrscheinlich). Doch die Maschinen deshalb anzufeinden, schadet den Maschinen nicht. Dafür uns selbst. Denn ob wir die Digitalisierung toll finden oder nicht: Schon heute sind viele intelligente, vernetzte und (teil)autonome Anlagen de facto so gut wie gleichberechtigte „ArbeitskollegInnen". Ein internationales Unternehmen hat sogar schon eine KI als gleichberechtigtes Vorstandsmitglied berufen (wie geht man mit einem Chef um, der eine KI ist?). Eine KI als Art Director einer Werbe-Agentur gibt es auch schon.

Viele Journalisten und Analysten haben KI-KollegInnen, die eigenständig Artikel oder Passagen recherchieren und texten. Etliche MitarbeiterInnen von Versicherungen oder Banken haben inzwischen Bots als KollegInnen. Das heißt: Wenn du die neuen KollegInnen nicht bekämpfst, sondern lernst, mit ihnen zusammenzuarbeiten, hast du langfristig mehr davon. Selbst wenn dich eine KI dereinst ersetzen sollte: Durch die Zusammenarbeit mit den neuen KollegInnen weißt du, wie sie ticken, wie sie programmiert werden, was sie können und eben nicht können. Vor allem weißt du dann genau, was du viel besser kannst als sie. Konzentrier dich darauf und mach das – wenn es sein muss, in einem neuen Job.

### 17. „Das brauchen meine Leute nicht zu wissen!"

Das ist die gängige Einstellung vieler Führungskräfte, wenn es um die Kommunikation der Digitalisierung geht. Denn: Wissen ist Macht (behauptete Command & Control). Der Chef ist auch deshalb der Chef, weil er mehr weiß als „Das Fußvolk". Wie gesagt: Das galt früher. Heute gilt: Wenn die Mitarbeiter, Kunden, Lieferanten und Stakeholder nicht alles wissen, was sie wissen müssen, um den Wandel zu gestalten, findet dieser nicht statt. Oder eben so langsam, wie das in vielen Unternehmen der Fall ist (wobei die wenigsten Führungskräfte auf die Idee kommen, dass ihre Kommunikationspolitik den Wandel bremst – sie denken, schuld seien wieder mal die Mitarbeiter).

In der neuen Zeit gilt: Nicht Wissen ist Macht, sondern Sharing ist Macht. Geteiltes Wissen ist doppeltes Wissen. Transparenz ist nicht Machtverlust, sondern Produktionsfaktor. Eigentlich logisch: Digitalisierung bedeutet Daten und Daten vorzuenthalten, bedeutet Selbstsabotage. Indem du Wissen teilst, wächst es. Und damit deine Macht. Denn alle anderen geben ihr Wissen auch noch dazu. Mit diesem Knowledge Sharing arbeiten die ganzen neuen Firmen wie Google oder Amazon. Und niemand würde behaupten, dass diese nicht mächtig seien …

### 18. „Das müssen wir beibehalten!"

Bei einem kleinen Spezialgroßhändler, dessen Arbeitsabläufe naturgemäß durch viele manuelle und repetitive Tätigkeiten gekennzeichnet sind, sitzt die Arbeitsgruppe Digitalisierung zusammen. Die Millennials in der Gruppe schlagen eine neue Technologie vor, mit der man sich viele dieser lästigen Handgriffe sparen könnte. Seltsamerweise wird dem Vorschlag nur leise applaudiert.

Weitaus lauter sind die Stimmen am Tisch: „Das können wir doch nicht automatisieren! Das müssen wir so beibehalten!" Von wegen der Qualität und weil die Technik doch viel zu teuer sei. Was meinst du?

Natürlich: Da steckt was anderes dahinter. Die Angst, dass durch die Automatisierung Kapazitäten frei und Mitarbeiter gekündigt werden. Deshalb stockt das Projekt in dieser Firma. Beim unmittelbaren Konkurrenten wird es begeistert gestartet. Warum? Weil die zuständige Brückenbauerin sagt: „Seid ihr verrückt? Warum sollten wir Leute rauswerfen? Wer bei diesem Arbeitsprozess freigesetzt wird, den brauchen wir dringend bei der Marktbearbeitung, denn wir wollen wachsen. Wir brauchen ihn oder sie im Kundenservice, denn die Kunden werden immer anspruchsvoller. Und wir brauchen Leute in der Service-Entwicklung, denn neue Services bringen neue Kunden. Arbeit ist genug da. Also lasst uns die Leute dafür qualifizieren." Jetzt frage ich mich: Warum höre ich das beim einen und nicht beim anderen Unternehmen?

## 19. „Wir müssen die Bremser ins Boot holen!"

Ist logisch! Denn wer bremst, behindert die digitale Transformation. Das ändert sich erst, wenn alle mit an Bord sind. Was soll daran falsch sein?

Alles.

Doch leider tappen insbesondere die guten Führungskräfte ständig in diese Falle. Sie sehen die vielen Bremser und denken: Die muss ich auch noch überzeugen, damit sie mitmachen! Also investieren sie viel Zeit, Energie und Herzblut in ihre Überzeugungsversuche. Und stellen irgendwann fest, dass sie nur unheimlich zäh und langsam vorankommen, gegen Wände laufen, selber ausgebremst werden und zu allem Überfluss für wirklich sinnvolle Aufgaben und ihre eigene Arbeit kaum mehr Zeit haben, weil sie ständig den Bremsern hinterherlaufen. Das ist sehr frustrierend.

Noch frustrierender ist, dass sogar jene, die digital bereits viel weiter sind, die Bemühungen, alle Bremser an Bord zu holen, nicht honorieren. Im Gegenteil. Sie mosern: „Das bringt doch nichts, die Beratungsresistenten überzeugen zu wollen! Das hält doch nur auf. Wir selber sind doch schon viel weiter!"

Daher: Zwei, drei gut formulierte und gut durchdachte Überzeugungsversuche pro Person sind legitim und sinnvoll. Doch ein Bremser, der sich danach nicht bewegt und die Handbremse loslässt, sollte in Ruhe gelassen werden. Du solltest nicht länger jene zu überzeugen versuchen, die sich nicht überzeugen lassen (wollen). Denn dabei kommt selten etwas Brauchbares heraus. Investier deine Zeit und Energie lieber in jene, die schon unterwegs sind, das Gaspedal treten. Unterstütze sie, so gut du kannst! Denn das bringt euch voran. Und dieses Vorankommen überzeugt die Bremser in der Regel besser, schneller und stärker als jeder verbale Überzeugungsversuch. Erfolg und Dabeisein sind zwei der stärksten Motive der menschlichen Motivation.

## 20. „Die haben was gegen mich!"

Das denken viele, die im Betrieb etwas bewegen wollen und dabei unweigerlich auf Bremser und Widerständler stoßen: „Was haben die bloß gegen mich?" Nichts – sagt der General Attribution Error, die Generelle Fehlzuordnung. Wenn etwas schiefläuft, ordnen wir (attribuieren wir) es meist einer Person zu – was meist falsch ist. Denn in der Regel ist nicht die Person, sondern die Situation schuld.

In klaren Worten: Die haben nichts gegen dich! (Auch wenn sie es an dir auslassen). Die haben was gegen die Sache, also gegen die digitale Transformation. Daraus ergibt sich der schlimmste Fehler, den du bei der Transformation im Speziellen und im Leben generell machen kannst: Du nimmst es persönlich. Du nimmst die Skepsis, Zweifel, Ängste, Einwände, Widersprüche, Passivität, Ablehnung und Bremserei von anderen persönlich: Immer ein Fehler. Handle stets nach dem Motto: Nichts persönlich nehmen! Denn nichts ist persönlich gemeint. Mit dieser Einstellung entwickelst du eine sagenhafte Frustrationstoleranz – ein Schlüsselfaktor für Erfolg in der Transformation (und im Leben).

Wer am frustrationstolerantesten ist, bringt es am weitesten. In vielen Firmen sind solche Talente als „Mr. Teflon" oder „Miss Teflon" bekannt: „Den/die kann nix aus der Ruhe bringen. An dem/der perlt alles ab wie an Teflon!" Mit dieser Einstellung bleibst du immer gut drauf, immer fokussiert auf die Sache, total tolerant gegenüber Personen – weil du nichts persönlich nimmst. Das muss man können. Aber das kann man auch – wie jede Fähigkeit – trainieren. Heute schon trainiert?

## 21. „Das müssen wir auch noch machen – und das auch! Und jenes könnte auch noch nützlich sein!"

Wenn man mal auf den digitalen Geschmack gekommen ist, kann man oft nicht genug kriegen, weil alles so super ist! Weil es so viele tolle neue Technologien und spanende Innovationen gibt. Das ist wie vor dem Süßwaren-Regal im Supermarkt: Man/frau kann beim Blick darauf schlecht Nein sagen. Solltest du aber.

Denn wer alles anpackt, packt zu viel an. Viele Führungskräfte übernehmen sich schlicht – und überfordern Mitarbeiter, Kunden und Eigner. Wer Dutzende, ja oft Hunderte neue Prozesse, Techniken und Innovationen ausprobiert, verzettelt sich, verschleißt die Ressourcen, verausgabt sich selbst, gibt in Konsequenz erschöpft oder entnervt auf und sagt am Ende resigniert: „Ist nix für uns!" Und gibt die Transformation auf. Fatal.

Es geht natürlich schon darum, möglichst viel auszuprobieren: Give it a try! Aber eben mit Sinn und Verstand und mit Blick auf Ressourcen und Prioritäten. Das Ausprobieren sollte in ein Gesamtbild passen; gemeinhin auch als Digitalstrategie bekannt. Habt ihr eine? Eine, die klar die Frage regelt, was ausprobiert werden soll und was nicht?

## 22. „Habt ihr nix zu tun?"

Der Chef entdeckt in der Kaffeeküche, der Raucherecke oder der Coffee Corner eine informelle „Zusammenrottung". Was sagt er?

Das kommt darauf an, in welcher Zeit er lebt. Früher tratschte man in der Kaffeeküche oft Privates. Heute tauschen sich die Mitarbeiter dort auch über den digitalen Kulturwandel aus. Viele treffen sich auch ganz gezielt in der Kaffeeküche, um Aspekte der Transformation via kleinem

Dienstweg zu klären. Das sollte man(ager) nicht unterbinden, nicht einmal kritisch kommentieren.

Wenn die informellen Treffen dann doch zur Laberrunde verkommen, kannst du immer noch den Impuls geben: „Leute, wenn wir gerade beieinander sind: Lasst uns doch mal über Projekt X reden. Wie interpretiert ihr eigentlich Arbeitspaket 43?" Das ist aktive Gesprächsführung. Sehr nützlich.

### 23. „Think Big!"

Viele denken „Think Big!", weil die Transformation eben auch so groß ist. Sie beginnen ihre Transformation beim größten Pain Point, am wundesten Punkt vom ganzen Unternehmen, mit der größten Baustelle. Und weil diese oft entscheidend für die Wertschöpfung des Unternehmens ist, geht das Unternehmen dann den Bach runter, sobald das Großprojekt scheitert. Bei so etwas komplett Neuem wie der Digitalisierung ist das Misserfolgsrisiko eben sehr hoch.

Daher: Fangt erst mal mit kleinen Schritten an, bevor ihr euch die dicken Dinger vornehmt. Klein anfangen und dann ganz groß herauskommen. Steigert euch langsam in iterativen Schleifen und schreitet unbeirrt voran: Das ist nachhaltige Transformation.

### 24. „Hat nicht geklappt, ist nichts für uns!"

Kein Scherz: Das sagen viele. Über die Transformation. Weil sie es versucht haben und es nicht funktioniert hat. Das ist so, wie wenn man zum ersten Mal vom 3m-Sprungbrett springen möchte, sich aber nicht traut und dann verkündet: „Hat nicht geklappt, die Schwerkraft ist nichts für mich!" Das juckt die Schwerkraft nicht. Sie bleibt trotzdem da. Wie die digitale Revolution. Warum werfen viele dann trotzdem die Flinte ins Korn?

Es liegt in der Regel nicht an der Digitalisierung. Es liegt an den unbewussten und überzogenen Erwartungen. Viele denken: Digitalisierung ist wie neue Software aufspielen – installieren, anklicken und fertig! Als Resultat dieser Erwartung geben sie den neuen Technologien zu wenig Zeit, um messbare Ergebnisse zu liefern. Sie geben schlicht zu früh auf. Sie geben in der Halbzeitpause auf, anstatt auch noch die zweite Halbzeit zu spielen: Keine Fußballmannschaft hat das jemals getan.

Viele mobilisieren nicht genügend Ausdauer, um die Kinderkrankheiten auch und gerade der Digitalisierung zu kurieren. Nur wer etwas oft, ausdauernd und intensiv genug ausprobiert hat, darf es aufgeben – was dann meist nicht mehr nötig ist. Denn wer sich mit Elan und Ausdauer reinhängt und Rückschläge als Rückschläge betrachtet – und nicht als Katastrophen – bringt so gut wie alles zum Laufen.

### 25. „Wir müssen uns da langsam rantasten!"

Vorsicht ist die Mutter der Porzellankiste? Hört sich vernünftig an? Ja – aber ist es nicht. Wenn ihr digitale Neuerungen nämlich „langsam" und „tastend" einführt, also ganz vorsichtig nach und nach, jeder in seinem eigenen Tempo, um die Leute bloß nicht zu überfordern – dann nimmt als unbeabsichtigte Folge dieser wohlgemeinten Verlangsamung die Transformation kaum jemand ernst und fast alle bleiben lieber beim Alten.

Warum auch zum Neuen wechseln, wenn das Neue keinen Vorrang oder Nachdruck hat? So denken und fühlen viele. Und sie liegen nicht ganz falsch: Erledigt und erreicht wird nur, was mit Nachdruck gefordert wird. Wenn du zu langsam an die Sache rangehst, denken die meisten in deiner Umgebung eben nicht: „Ah, schön langsam!" Sie denken vielmehr: „Ist wohl nicht wichtig. Also lassen wir das erst mal liegen."

Also sag den Leuten – immer und immer wieder – wie wichtig das ist. Dass alle mitmachen müssen. Dass neue Prozesse, Systeme, Entscheidungswege, Produkte und Services eingeführt werden. Ein neues Denken. Dass es zwar Übergangsfristen gibt und ein Regelwerk für die Umsetzung, aber dass die Maus kein' Faden abbeißt und der Anspruch lautet: Wir setzen das jetzt um! Und zwar alle. Und je mehr Führungskräfte dieses Mantra täglich wiederholen, desto schneller stellt sich der Erfolg ein. Du wirst es erleben.

### 26. „Nicht unser Problem! Das ist deren Baustelle!"

Das kennen wir alle: Verantwortungsdiffusion. Ein komplexes Problem taucht auf? Erst mal auf die andern schieben! Meist nicht ohne Berechtigung: Da das Problem komplex ist, sind immer auch andere daran beteiligt. Sollen die erst mal ihren Laden in Ordnung bringen! Das behauptet zumindest das Silo-Denken und die Wagenburg-Mentalität: Wir gegen den Rest der Welt!

Dieses Abteilungsdenken ist weit verbreitet, bremst jedoch die Digitalisierung massiv aus, weil es bei der Digitalisierung darum geht, dass alle mitmachen – und sich nicht gegenseitig den Schwarzen Peter zuschieben. Digitalisierung erfordert gemeinsames Handeln über alle Abteilungs-, ja Unternehmensgrenzen hinweg, entlang der kompletten Supply Chain. Wenn die Leute nur bis zur eigenen Tischkante denken, scheitert die Transformation.

Gib also klare Teamregeln aus: Team sind wir alle, über alle Abteilungsgrenzen hinweg! Je mehr Meinungsführer und Manager dieses Transformationsprinzip vorleben und sich die üblichen Gehässigkeiten gegen „die Spinner von … (setze die entsprechende Abteilung ein)" sparen, desto schneller transformiert ihr. Walk your talk! Artikuliere klar und respektvoll deine Erwartungen an andere – aber erfülle sie dann auch selber. Klingt trivial, wird in der Praxis aber oft nicht gemacht. Ein Problem taucht auf? Dann schmeiß das schnell der Nachbarabteilung übern Zaun! Soll die sich darum kümmern! Anstatt zu sagen: „Kollegen, wie können wir das gemeinsam lösen?" Wer seit 20 Jahren oder länger Problem übern Zaun wirft, muss sich diese alte Gewohnheit erst abgewöhnen. Das kann dauern. Doch das ist zu schaffen.

### 27. „Wir digitalisieren unsere Prozesse!"

Das höre ich ganz oft, wenn Praktiker über ihre Transformation reden. Ich frage dann meist: „Wollt ihr nicht lieber *bessere* Prozesse digitalisieren?" Denn viele alte Prozesse, Verfahren und Abläufe sind eben nicht nur alt, sondern auch unnötig kompliziert, kundenfern, langsam und unflexibel – und das alles soll erhalten bleiben, bloß in digitaler Form? Das ist absurd und fällt vielen erst hinterher auf. Oder wie ein Abteilungsleiter süffisant bemerkte: „Wir haben jetzt denselben Mist wie vorher – jetzt bloß digital."

Wenn schon Digitalisierung, dann doch bitte mit generalüberholten, schnellen, unkomplizierten, kunden- und mitarbeiterfreundlichen, agilen und flexiblen Prozessen. Das heißt: Schaut euch vor der Digitalisierung eure Prozesse genau an, analysiert sie gemeinsam mit allen Abteilungen und bastelt für jeden Prozess den idealen Prozess. Damit der Verfahrensablauf auch wirklich zukunftsfähig wird und nicht den ganzen Ballast der letzten 30 Jahre mitschleppt. Macht das mit voller Absicht disruptiv!

Ich höre dann zum Beispiel oft: „Sind für die Bestellung von einem neuen Notebook wirklich fünf Unterschriften nötig? Tun's nicht auch drei? Oder nur eine?" Da werden sich jene, die nicht mehr unterschreiben dürfen, im Status beschädigt sehen – doch genau darüber muss man dann mit ihnen reden und sie ins Boot holen, zum Beispiel mit dem Argument: Die schnellen Fische fressen die langsamen!

### 28. „Wir sind bald durch mit der Transformation!"

Das hoffe ich nicht! Das wäre schlimm. Denn die Transformation ist kein Projekt, sondern ein Prozess. Die Transformation ist nie zu Ende. Weil die technologische Entwicklung nie zu Ende ist und die Welt sich immer weiter dreht. Leider wissen das viele nicht.

Sie denken: „Ach ja, die Digitalisierung! Das ist doch auch wieder so ein Change-Projekt wie Six Sigma, Reengineering und Lean Management. Das wird jetzt durchs Dorf getrieben und danach kommt wieder was anderes." Kam nach der doppelten Buchführung „was anderes"? Oder nach Entdeckung der Elektrizität? Es gibt Dinge, die kommen und gehen. Und es gibt Dinge, die bleiben.

Selbst Skeptiker gehen davon aus, dass die Digitalisierung uns die nächsten 30 Jahre erhalten bleiben wird. Ein Topmanager der Autoindustrie sagt zum Beispiel: „Wir bauen neben dem alten Konzern praktisch einen neuen Software-Konzern auf mit Tausenden Mitarbeitern – weil die Zukunft digital sein wird." Oder kannst du dir eine Rückkehr zur analogen Welt vorstellen? Ich auch nicht.

### 29. „Wir müssen das selber machen!"

Das denken viele, wenn es ums Digitale geht. Das stimmt nicht. Du kannst inzwischen auf unübersehbar viele fertige digitale Lösungen zurückgreifen, die auf dem freien Markt nur auf dich warten. Es sei denn, ihr leidet unter dem

Not-Invented-Here-Syndrome (Specht 2018): Gut ist nur, was wir selber entwickelt haben!

Wollt ihr etwa das Rad neu erfinden? Immer? Geh doch shoppen! Es gibt so viel Schönes auf dem Markt. Besorg dir Referenzen, lass dich von neutraler Seite beraten und kauf ein, was euren definierten Ansprüchen genügt. Viele Unternehmen basteln zum Beispiel selber ihre digitale Reisekostenabrechnung. Das kann man. Aber warum sollte man?

Warum knappe Ressourcen für etwas verschleudern, das es tadellos von der Stange gibt? Strickst du deine Jacketts auch selber? Reisekostenabrechnungen gibt es zuhauf zu kaufen. Man kauft das und passt das dann aufs eigene Unternehmen an. So geht das. Word oder Excel schreibt doch auch keiner für sich neu!

### 30. „Wir haben keine Angst vor der Digitalisierung!"

Das ist schlicht nicht wahr. Denn selbst in IT-Unternehmen finden sich Mitarbeiter und Führungskräfte, die Angst haben. Die sagen es bloß nicht. Korrekt ist also die Aussage: „Wir haben die auch bei uns zweifellos vorhandene Angst einfach verdrängt und die Verdrängung tabuiert. Wir reden nicht darüber!" Und das ist die Katastrophe. Denn Angst ist ein Problem. Und Probleme gehen nicht davon weg, dass man sie verschweigt, verdrängt, verniedlicht und tabuiert. Ganz im Gegenteil. Wer hat Angst?

Je nach Unternehmen schwankt der Anteil in der Belegschaft zwischen zehn und 30 Prozent – mit Ausreißern nach oben. Wenn das Phänomen so weit verbreitet ist, warum redet man dann nicht konstruktiv darüber? Auch wenn wir nicht darüber reden, lebt und wirkt die Angst ja weiter: Entscheidungen werden verschleppt, digitale Projekte werden ausgesessen, gute Ideen werden torpediert und der

Spaß an der Arbeit geht verloren. Das merken dann auch viele und das ist die Chance.

Die Chance, zu sagen: „Lass uns drüber reden!" Diesen Satz kriegt jeder über die Lippen, was meinst du? Das muss man nicht in großer Runde sagen. Das passt am besten ins persönliche Gespräch. Darin befasst man sich dann mit den Bedenken, Zweifeln und Ängsten des jeweiligen Kollegen oder der jeweiligen Führungskraft. Das fällt dir leicht, wenn du emotional kompetent bist, also gut mit eigenen und fremden Emotionen umgehen kannst, einen hohen EQ hast. Doch auch das ist eine Kompetenz, die sich erwerben lässt. Oder du holst dir jemand, die sich damit auskennt. Eine Digi-Coachin zum Beispiel.

### 31. Vestigia terrent ...

... sagte Horaz (Brockhaus 1911) und meinte im übertragenen Sinne: Die Spuren der gescheiterten Vorgänger sollten eigentlich jeden und jede davon abhalten, auf denselben Spuren selber zu scheitern. Tun sie aber im realen Leben nicht. Immer wieder komme ich in Unternehmen und denke: „Den Fehler kenne ich doch! Denn haben schon zig andere vorher gemacht! Warum macht ihr ihn denn nach?" Weil sie ihn nicht kannten.

Das ist mir so oft passiert und das haben meine KlientInnen auch selber so oft bemerkt, dass sie mich lange Zeit immer wieder baten: „Stell doch eine Sammlung der beliebtesten Fehler und Fallen auf, damit wir nicht reintappen!" Et voilà. Die Sammlung hast du nun. Fehler gehören zum Geschäft.

Fail fast! Mach ruhig Fehler! Aber bitte nicht jene Fehler, die vor dir schon Tausende gemacht haben. Mach intelligente, eigene, neue Fehler! Ich wünsche dir viel Erfolg damit!

## Zusammenfassung

Wer etwas Neues ausprobiert, macht Fehler. Die Digitalisierung ist so neu, dass die Fehlerquote relativ hoch ist. Das liegt nicht darin, dass die Verantwortlichen fahrlässig oder unvorsichtig wären. Ganz im Gegenteil. Es liegt daran, dass sie immer wieder in die immer selben Fallen tappen. Die meisten erkennen diese Irrtümer erst, nachdem sie ihnen auf den Leim gegangen sind. Das ist das Problem – und die Lösung: Wer die Irrtümer kennt, kann sie vermeiden. 30 der häufigsten Fallen diskutiert das Kapitel – und wie sie mit einfachen Mitteln umgangen werden können.

## Literatur

Brockhaus. (1911). http://www.zeno.org/Brockhaus-1911/A/Vestigia+terrent. Zugegriffen am 14.06.2019.

Specht, D. (2018). https://wirtschaftslexikon.gabler.de/definition/not-invented-here-syndrom-40808/version-264185. Zugegriffen am 14.06.2019.

# 7

# Quickstart Digitalisierung

## Einen fliegenden Start hinlegen und danach fix transformieren

Die Geschäftsführung sagt: „Wir müssen digitalisieren!"
Nun gut – und womit fängst du jetzt an? Erst mal die Ana-
lysen und Konzepte der Planungsgruppe abwarten! Oder
auf die Weisung von oben. Das denken viele. Entsprechend
langsam kommt die Transformation in Gang. Oder man
fängt gleich mit dem Falschen an. Oder packt die Sache am
falschen Ende oder mit den falschen Vorgehensweisen an.
Weil ich das in der realen Praxis so oft beobachte, hier die
Best Practices für einen blitzsauberen Start und ein schnelles Vorwärtskommen. Auch dann anwendbar, wenn ihr
schon eine Weile unterwegs seid.

### 1. Warte nicht auf „die da oben"!

Wir sind es so gewohnt: Die Geschäftsführung, der Vorgesetzte, die Führungskraft sagt, wo's langgeht und wir folgen
dem Vorgegebenen brav. Das funktionierte tadellos – in der
alten Welt.

© Springer Fachmedien Wiesbaden GmbH, ein Teil von
Springer Nature 2019
K. Scheerhorn, *So gelingt digitale Transformation!*,
Fit for Future, https://doi.org/10.1007/978-3-658-27190-9_7

In der neuen, digitalen Welt warten die Schnellsten nicht auf die Geschäftsleitung oder den Vorgesetzten oder die galaktische Superlösung oder die ultimative Digitalstrategie, die vom Himmel fällt. In der Digitalisierung fällt nämlich nichts vom Himmel. In diesem Punkt ist die neue exakt wie die alte Welt: Erfolg gibt es nur und am schnellsten mit harter, ehrlicher Arbeit. Also leg schon mal los!

Natürlich nicht mit Maßnahmen, Ideen und Konzepten, für die du Millionen und das Placet von ganz oben brauchst. Aber mit kleinen Maßnahmen, die gut und gerne mit deiner Entscheidungsbefugnis gestartet werden können – davon gibt es in der Digitalisierung mehr als genug.

## 2. Die Digitalisierung beginnt nicht ganz oben – sondern mit dir!

Natürlich sagt die Geschäftsleitung etwas zur Digitalstrategie. Doch damit beginnt die Digitalisierung nicht – nicht für dich. Sie beginnt für dich nicht mit dem Go! von ganz oben oder deinem Eintritt in eine Projektgruppe oder mit Einführung einer neuen digitalen Technik. Sie beginnt bei dir.

Bei deiner Entscheidung, zu der du dich irgendwann durchringst: Ich bin dabei! Ich transformiere jetzt! Ich warte nicht auf irgendwelche Beschlüsse von ganz oben. Ich fang schon mal für mich an. Alle Millennials und alle anderen, die etwas von der Digitalisierung verstehen, haben mit diesem persönlichen, individuellen Entschluss angefangen. Und je mehr Menschen in der Belegschaft zu diesem Entschluss kommen, desto schneller und leichter kommt eine Organisation digital voran. Hast du es bemerkt?

Das impliziert auch einen ganz anderen Leadership-Ansatz: Ex cathedra Anweisung geben, funktioniert nicht mehr. Weil Anweisungen keinen persönlichen Entschluss auslösen, höchstens stumpfen Gehorsam. Also rede persönlich mit den Leuten innerhalb deiner Führungsspanne und hilf ihnen dabei, diesen persönlichen Entschluss zu fassen.

### 3. Lies dich weiter schlau!

Du hast damit ja schon angefangen – und bist weit gekommen. Wer heutzutage eine Buchlektüre noch bis zu den letzten Seiten schafft, gehört bereits zur intellektuellen Elite im Lande. Mach weiter so! Es gibt noch andere tolle Bücher (derselben und anderer AutorInnen). Das Internet ist voll von News zur Digitalisierung. Lass dich nicht stumpf von einem anonymen Newsfeed besinnungslos appen! Klink dich in einen digitalen Newsfeed ein. Finde einen, der dir entspricht. Die Information ist da und wartet auf dich!

Sprich auch mit Leuten, die sich digital auskennen. Eine Viertelstunde am Tag reicht dafür völlig. Lies, was dir Freude macht. Menschen, die behaupten, dafür hätten sie nicht auch noch Zeit, haben diesen Spaß nie gefunden, sind also noch in den falschen Texten unterwegs. Dieser hier macht dir doch auch Spaß, oder? Such dir weitere, die gut für dich sind! Und wenn du Begriffe oder Ideen liest oder hörst, die du nicht verstehst: Frag nach! Gnadenlos! Wer in der Digitalisierung behauptet, es gäbe dumme Fragen, ist selber dumm und sowas von! Jeder und jede, die sich damit auskennen, werden dich für deine Fragen beglückwünschen und sie liebend gerne beantworten – und daran erkennst du auch schon die Leute, mit denen du gemeinsam transformieren kannst.

### 4. Sprich Digi!

Benutze die neu gelernten Vokabeln im Alltagssprachgebrauch und erklär sie auch anderen, die genauso ahnungslos sind wie du zuvor. Digitalisierung wird oft mit „Technologie" verwechselt. Dabei ist Technologie nur das Endprodukt.

Das, was zum Endergebnis führt, ist: „Sprich darüber!" 90 Prozent der Transformation sind Kommunikation. Vor allem, wenn du das Gefühl hast, den KollegInnen fehlt das nötige Wissen und die nötige Motivation. Spread the word!

## 5. Übernimm Verantwortung!

Für digitale Aufgaben, Projekte, Prozesse und Methoden. Das muss nicht in leitender Funktion sein. Es ist schon prima, wenn du in einer Projektgruppe mitmachst. Oder starte deine eigene Initiative: Anything goes! Du arbeitest doch sicher auch mit einigen Arbeitsprozessen, die man gut und gerne streamlinen und dann digitalisieren könnte.

Konzipier das mal grob, schlag es vor, immer wieder, bleib dran, suche dir Mitstreiter und Unterstützer an höherer Stelle. Starte klein, aber starte! Mach mit!

## 6. Frag den Kunden!

Einer der häufigsten Fehler, die bei der Transformation gemacht werden: Alles wird schön digitalisiert und dann wundert man sich, dass der Kunde den neuen digitalen Prozess oder Service nicht akzeptiert und zur Konkurrenz abwandert. Erspar dir das! Frag ihn und sie! Frag, was wirklich gebraucht wird, wo der Schuh drückt, wo seine und ihre Pain Points liegen. Und frag nicht bloß einmal.

Binde die Kunden vielmehr regelmäßig und in nötiger Breite und Tiefe ein. Das hat man auch schon bei der „Kundenorientierung" probiert und von dieser Management-Methode hat man schon lange nichts mehr gehört? Viele wird das nicht gestört haben. Bei der Digitalisierung stört es jedoch erheblich. Denn Amazon, Google und andere Digi-Giganten sind nicht nur deshalb so erfolgreich, weil sie so digital, sondern weil sie vor allem auch so kundennah sind. Also frag den Kunden! Damit vermeidest du, dass du am Kundennutzen vorbei digitalisierst!

### 7. Kundenkommunikation mit Fail-fast-Kultur!

Auch wenn ihr regelmäßig mit den Kunden redet, werdet ihr dennoch hin und wieder am Kunden vorbei agieren, Fehler machen. Wiederhol deshalb so lange, bis es auch der letzte Perfektionist kapiert und aufhört zu meckern: Fehler, die man per Kundenfeedback erfährt, sind gute Fehler, weil man so auf schnellstmöglichem Wege dazulernen kann.

### 8. Mehr zuhören als reden!

Was hat der Kunde? Keine Ahnung vom Produkt, der Technik und der Qualität. Deshalb sagen wir ihm ja auch ständig, was Sache ist. Das ist der alte Mindset, der Experten-Mindset: Ich Tarzan – du Jane! In der Digitalisierung kommst du damit nicht weit (was erklärt, warum einige Unternehmen bislang nicht weit gekommen sind).

Jene, die superschnell transformieren, haben einen anderen Mindset: Sie hören zu. Dem Kunden. Sie hören genau zu. Sie fragen mehr als sie sagen. Sie ziehen sich die Schuhe des Kunden an. Sie wollen die Welt verstehen – aus seiner Sicht, nicht (nur) aus ihrer Expertensicht. Im Kopf diesen Schalter umzulegen ist nicht ganz leicht. Aber es ist einfach. Schaffst du das? Oder praktizierst du das gar schon immer? Gratuliere!

### 9. Frag jemanden, der/die sich damit auskennt!

Wenn du dich selber mit der digitalen Technologie nicht genug auskennst, dann schäm dich nicht stumm, sondern frag, frag, frag die Leute, die sich damit auskennen. Wenn du dich nicht traust: Beruf dich auf mich! Das wird selten nötig sein. Denn die guten Digi-Champions werden dir gerne jede Frage beantworten – und so lange, bis dir das Licht aufgeht. Alle anderen fragst du nie wieder. Wer fragt, der/die transformiert! Ein Tag ohne Frage ist ein verlorener Tag, weil du an solchen Tagen wenig bis nichts dazulernst.

## 10. Hol dir einen Brückenbauer!

Wenn – umgekehrt – du dich nahezu perfekt mit der digitalen Technologie auskennst, aber vielleicht nicht so gut mit Menschen im Transformationsprozess umgehen kannst, dann hol dir einen Brückenbauer oder eine Brückenbauerin, die das können! Setz sie als Wissensmakler, als Transformationsvermittlerin oder Change Maker ein. Viele Firmen haben inzwischen designierte Brückenbauer, Change Agents, Transformationspaten. Ihr noch nicht? Dann such dir informell KollegInnen oder Führungskräfte, die goldene Brücken bauen können und wollen.

## 11. Mach das nicht alleine!

Wer ein echter Leader ist, der oder die initiiert die Transformation in seinem/ihrem Führungsfeld, organisiert das, motiviert die Leute, kontrolliert und steuert. So weit richtig? Nein, das ist altes Führungsethos. Wer den Millennials (und anderen) in der Transformation so kommt, erntet unweigerlich das Prädikat „Hosentaschen-Caligula". Einmal ganz davon abgesehen, dass die Transformation im Alleingang nicht zu schaffen ist. Das haben schon andere probiert und sind gescheitert.

Rutsch aber auch nicht ins diametrale Extrem, indem du versuchst, alle Bremser ins Boot zu holen (vgl. Kap. 6, Punkt 19, „Wir müssen die Bremser ins Boot holen"). Auch das gelingt selten, frisst exorbitant viel Zeit und Energie und lohnt sich kaum. Wähl die Goldene Mitte: Such dir Mitstreiter, Mitmacher auf gleicher oder untergeordneter Ebene und Unterstützer von ganz oben. Bildet eine offene, informelle Allianz der Willigen. Dann klappt das auch mit der Transformation.

## 12. Small is beautiful!

Starte nicht mit einem komplett neuen digitalen Geschäfts-modell. Aber die Start-ups machen das doch auch? Ja, doch acht von zehn scheitern auch. Das weiß jeder Investor – die gut desinformierte Öffentlichkeit eher nicht. Das alte Ge-schäftsmodell komplett digital umzukrempeln ist zu ex-trem, zu groß.

Startet lieber mit neuen digitalen Services für eure Kunden, neuen digitalen Arbeitsprozessen oder neuen digitalen Pro-dukten: Das ist schon groß genug. Manchmal kratzen sich Führungskräfte nach diesem Hinweis noch immer am Hinter-kopf und wissen nicht, was „klein anfangen" heißt. Daher:

- Habt ihr noch Fax-Formulare? Oder gebt ihr die Daten bereits in eine Eingabe-Maske am Computer ein?
- Mailt ihr noch oder nutzt ihr bereits eine digitale Platt-form zur allseitigen Kommunikation untereinander und mit dem Kunden?
- Reist ihr noch zu Meetings alle an? Oder macht ihr auch schon Video-Konferenzen?
- Rechnet ihr eure Dienstreisen noch auf Papier ab oder habt ihr bereits eine App dafür?
- Entwickelt ihr noch im eigenen Saft? Oder macht ihr schon Co-Creation oder gar Open Innovation?

Wird damit klarer, was „klein anfangen" bedeutet? Dann kannst du ja weitere dieser konkreten Leitfragen formulie-ren und verfolgen.

## 13. Nicht Technik, sondern Mensch!

Bei fast allen Transformationen steht was im Vordergrund? Natürlich, die neuen digitalen Technologien, was sonst? Das führt dazu, dass im Idealfall die Technologie läuft – aber nicht benutzt wird. Und das ist der Idealfall.

Im Normalfall läuft die neue Technologie erst einmal monatelang nicht, weil die Entrechteten und Zurückgelassenen in den Untergrund gehen und Guerilla-Sabotage betreiben. Würdest du doch auch, wenn über deinen Kopf hinweg entschieden würde!

Bei allen Unternehmen, die fix transformieren, steht nicht die Technologie, sondern stehen die Menschen, die sie benutzen sollen, im Vordergrund. Sie werden an ihren Befindlichkeiten abgeholt, mit ihren Einwänden und Ideen gehört, motiviert, qualifiziert, gefordert und gefördert. Das ist ein einfaches Erfolgsrezept. Einfach, aber nicht leicht. Denn die meisten Führungskräfte können alles: Technik, Finanzen, Innovation, Supply Chain, Marketing, Verkauf. Nur Menschen können viele nicht. Leider oder glücklicherweise ist der Mensch der Engpassfaktor der Transformation. Wer das weiß und danach handelt, transformiert besser und schneller.

## 14. Fang schon mal an!

Transformation? Nun gut – aber dafür brauchen wir erst einen, der uns das genehmigt, wir brauchen Budget, Ressourcen und ein ausgearbeitetes Konzept. Das ist was? Das ist Beamtendenke (nichts gegen Beamte!). In vielen Unternehmen wird heute so gedacht. Weil wir es so gewohnt sind: Erst muss das den normalen Dienstweg gehen, sonst fang ich gleich gar nicht damit an! Diese Einstellung erklärt, warum die Transformation in vielen Unternehmen so quälend langsam vorangeht.

Nehmen wir an, du arbeitest in einem Unternehmen, das fix transformiert. Was wäre dann für dich ganz selbstverständlich? Dass du dir digitale Dinge aussuchst, die du für kein oder das bereits vorhandene Geld transformieren kannst. Mit wenig Ressourcen, die eh' schon da sind. Und eine Entscheidung von ganz oben brauchst du dafür auch nicht, weil die kleinen Dinge, die du ausgesucht hast, sowieso schon in deinem Verantwortungsbereich liegen (oder knapp über dessen Grenze). So geht Transformation.

### 15. Such dir welche, die auch die Extra-Meile gehen!

Da beißt die Maus kein' Faden ab: Transformation ist zusätzlicher Aufwand. Von nichts kommt nichts. Vielmehr ist die sprichwörtliche Extra-Meile nötig. Dass du sie gehen möchtest, ist eh' schon klar: Deshalb liest du dieses Buch. Aber alleine schaffst du das nicht – wie bereits mehrfach erwähnt.

Also suche dir Mitstreiter aus. Aber eben nicht jene, die total motiviert sind – bis es an die Extra-Meile geht. Dann haben sie plötzlich keine Zeit und keine Lust mehr. Such dir nicht jene aus, die nur auf Anweisung arbeiten. Auch nicht jene, die man zum Jagen tragen muss oder die erst in die Gänge kommen, wenn man es ihnen zwei dutzendfach gesagt hat. Erwähle jene, die bekannt dafür sind, dass sie dahin gehen, wo es weh tut, die auch mal ans Eingemachte gehen, die Extra-Meile gehen. Wer tut das? Wie findet man die?

Ganz einfach: Der beste Prädiktor für zukünftiges Verhalten eines Menschen ist dessen vergangenes Verhalten. Wer früher schon klaglos die Extra-Meile ging, geht sie mit hoher Wahrscheinlichkeit auch jetzt, bei der Transformation.

### 16. Lass dich nicht aus dem Takt bringen!

Das werden aber viele versuchen. Zum Beispiel die ewigen Nörgler, Bremser, Besserwisser, Skeptiker und Fake-News-

Fürsten („Das funktioniert doch sowieso nicht bei uns!"). Lass dich nicht von denen demotivieren oder gar demoralisieren. Geh unbeirrt und unbeirrbar deinen Weg. Die Unken lästern am Wegesrand, doch die Karawane zieht weiter. Wenn du merkst: Die ziehen mich runter – sprich mit deinen Bundesgenossen (vgl. „Mach das nicht alleine" und „Such dir welche, die auch die Extra-Meile gehen!"). Baut euch gegenseitig wieder auf! Sonst macht das ja keiner. Motivation fängt bei dir selber an.

## 17. Reite nicht den toten Hamster!

Wenn du merkst, dass die Energiefresser und Reichsbedenkenträger um dich herum mit ihren destruktiven Gedanken die Überhand gewinnen, dann zieh dich bewusst zurück und aus der Affäre. Reite nicht den toten Hamster! Bei den Bremsern und Neinsagern ist kurzfristig Hopfen und Malz verloren. Das bringt nichts!

Geh da raus und geh lieber dahin, wo die Leute etwas verändern wollen, mit Begeisterung oder zumindest Wohlwollen bei der Sache sind. Das muss nicht in einer anderen Firma sein! Es reicht oft schon, die Projektgruppe zu wechseln (soweit möglich) oder zu bestimmten Meetings lieber jemand anderen zu schicken.

Wähle deine Schlachten weise. Du musst es nicht mit jedem/r aufnehmen. Du kannst es auch mal gut sein lassen und dich grüneren Weidegründen zuwenden. Oder wie eine Managerin bei einem Lebensmittelkonzern sagte: „Stiere geben keine Milch. Suche dir im Zweifelsfall was Passendes!"

## 18. Sichte jene, die offen sind für Neues!

Deine Pappenheimer kennst du; die Bremser, Aussitzer und Verweigerer. Aber wo sind die Leute und potenziellen Mitstreiter, die offen sind für Neues, einen positiven Drive haben, motiviert sind, gerne etwas ausprobieren, auch wenn es nicht idiotensicher ist? Finde sie! Finde es heraus.

Meist sind sie gut getarnt, weil die Verweigerer sehr viel lauter und prominenter sind. Also such tiefer. Es lohnt sich. Denn das sind deine Mitstreiter. Das ist deine Armee. Natürlich gibt es auch welche, die bei jedem Mist mitmachen. Das ist dann schon wieder zu viel des Guten. Doch es sinnlos, bei jenen zu suchen, die an allem Neuen erst einmal etwas auszusetzen haben. Und diese auch noch missionieren zu wollen! Missionier nicht – rekrutier! Nämlich die Guten, die offen sind für Neues.

### 19. Gemeinsam seid ihr stark!

Die Allianz der Willigen ist keine Projektgruppe. Natürlich kann sie rein formal auch eine Projektgruppe sein – doch sie ist darüber hinaus sehr viel mehr. In einem normalen Projektteam arbeitet man zusammen. In der Allianz der Transformierer geht man und frau weit darüber hinaus. Man motiviert sich gegenseitig, richtet einander auf, verdaut Rückschläge gemeinsam und feuert sich gegenseitig an. Klingt phantastisch? Besser als manche Familie? Fast so wie Ostkurve Weserstadion? Dann weißt du auch, warum Transformation den Guten so viel Spaß macht. Wenn ihr zusammenhaltet, gibt es nichts Besseres!

### 20. Lass links liegen!

Es ist deine Aufgabe, zu transformieren. Es ist nicht deine Aufgabe, dich von Bedenkenträgern und Transformationsverweigerern runterziehen zu lassen. Und es ist schon dreimal nicht deine Aufgabe, jene zu bekehren, die sich nicht bekehren lassen wollen. Da rutscht man aber immer wieder rein.

Immer wieder denkt man: „Was redet denn der für einen Stuss? Das muss ich widerlegen!" Nein, eben nicht. Nicht, wenn der immer so einen Stuss redet, du immer 20 Minuten fruchtlos dagegen anrennst und am Ende nichts erreichst. Der Klügere gibt nicht nach! Der Klügere lässt den Unbelehrbaren links liegen – damit geht es beiden besser. Denn wer Unbelehrbar ist, kann nicht nur nicht belehrt werden, sondern möchte das meist auch nicht.

Natürlich unterstellst du keinem leichtfertig Unbelehrbarkeit. Du redest mit allen. Doch wer sich dreimal als uneinsichtig zeigt, gilt dann gesichert als beratungsresistent. Links liegen lassen ist eine Technik, die jeder vernünftige Mensch im Zeitalter der Fake News und der Dummquatscher beherrschen sollte. Denn wer kreativ, innovativ und digital sein möchte, braucht die Freiheit, frei von dummem Gerede unbeschwert zu denken und zu handeln. Als mach dich unabhängig von dem, was dich bremst!

## 21. Meide Maurer!

Es gibt Menschen, die mauern sichtlich: „Was soll das? Das kann doch gar nicht funktionieren! Das haben wir ja noch nie so gemacht!" Das kann man ein-, zweimal sagen. Doch wer das wie eine Litanei ständig sagt – hat jedes Recht dazu! In diesem Lande gilt Meinungsfreiheit. Es gilt jedoch auch Versammlungsfreiheit.

Also versammle dich woanders. Meide, was und wer dich notorisch runterzieht. Mit der „Haben wir noch nie so gemacht!"-Einstellung kann man nichts Neues ausprobieren. Etwas Neues auszuprobieren, ist schon schwer genug. Dafür braucht man Leute, die denken und sagen: „Das könnte was werden! Dem sollten wir zumindest eine Chance geben. Das sollten wir mal ernsthaft versuchen. Also zur Sache!"

## 22. Feiere Erfolge!

Gerade die Fleißigsten leiden bei der Transformation oft unter einem Mangel an Reflexion: Sie sehen häufig nur das, was (noch) nicht funktioniert. Nun ist Perfektionismus vielleicht kein guter Motivator, aber doch ein starker Antreiber (vulgo: Druck). Leider macht Druck auf Dauer kaputt. Spaß macht das auch nicht. Daher das Sprichwort: Man soll die Feste feiern wie sie fallen.

Ersetze „Feste" durch „Erfolge" – und du kennst und praktizierst (hoffentlich bald) das Geheimnis immerwährender Motivation. Feiere jeden Erfolg! Auch den klitzekleinsten! Am besten mit allen anderen Willigen. Mach aus einer Erfolgsmücke einen Elefanten! Das ist keine Angeberei, das ist Mentalhygiene. Und das ist auch völlig logisch. Selbst in der Buchhaltung gilt das Imparitätsprinzip: Noch nicht realisierte Verluste müssen überbewertet werden, noch nicht realisierte Erfolge unterbewertet (bis hin zum Buchungsverbot). In der Psychologie ist es genau umgekehrt: Misserfolge unter-, Erfolge überbewerten! Ein Zehntel eines alten Arbeitsprozesses läuft bereits digital? Macht ein Fass auf!

## 23. Reflektiere deine Prinzipien!

Viele KlientInnen klagen mir im Coaching: „Das muss schneller gehen! Besser! Nachhaltiger!" Wenn ich dann mit ihren Mitarbeitenden rede, kommt heraus: Rein sachlich könnte das manchmal wirklich schneller und besser gehen. Aber: „Das sagt der Chef/die Chefin zwanzig Mal am Tag!" Das hat dann mit der eigentlichen Sache weniger zu tun als mit Ungeduld, Perfektionismus, Negaholismus, Übereifer oder Ressourcenverschleiß. Weiß der Chef das?

In den meisten Fällen nicht. Warum nicht? Weil er oder sie sich nicht reflektiert. Er oder sie denkt, er oder sie hat

Recht – was normal und menschlich ist. Aber stimmt das auch? Wie findest du das heraus? Indem du dir Reflexionsfragen stellst wie:

- „Habe ich in der Sache Recht – oder gehe ich bereits allen auf die Nerven?"
- „Übertreibe ich es gerade wieder?"
- „Ist das noch Management? Oder schon Marotte?"
- „Führe ich noch oder quengele ich schon?"
- „Bin ich zielstrebig oder schon total festgefahren?"
- „Treibe ich die Sache voran oder übertreibe ich?"
- „Einmal ganz davon abgesehen, was Sache ist: Wie kommt das wohl bei meinem Gegenüber an?"
- „Bin ich gefühlsmäßig schon wieder derart involviert und aktiviert („auf 180"), dass das mit gesundem Nachdruck nichts mehr zu tun hat und schlicht der Gaul mit mir durchgeht?"
- „Verhalte ich mich wieder so, wie mir das im 360°-Feedback angekreidet wurde?"
- „Würde meine Frau, mein Partner, ein Vertrauter, die beste Freundin mir sagen: ‚Was reitet dich wieder? Komm' runter vom Trip!'?"

## 7.1 Make Your Own Rules!

Diese 23 Best Practices habe ich nicht nur bei erfolgreich transformierenden Führungskräften beobachtet. Ich lebe, arbeite, coache, berate und manage auch selber danach. Sie leisten gute Dienste. Wenn wir sie in Coachings oder Workshops diskutieren, sagen beim Follow-up-Tag viele: „Ich hab die 23 um meine eigenen Rezepte ergänzt – darf man das?" Nein.

Das *darf* man nicht – das *soll* man sogar! Auf diese Weise entsteht dein/euer ganz persönliches Handbuch der Transformation, das auf Evidenz (Tatsachen, Erfahrungen) basiert. Etwas Besseres gibt es nicht. Also mach das!

## Zusammenfasssung

Mit der Digitalisierung ist es wie mit allem in Wirtschaft und Leben: Die einen starten schnell und kommen fix voran. Die andern kommen erst nicht aus den Startlöchern und danach nicht auf Geschwindigkeit. Zu vieles läuft zu zäh und träge ab. Das liegt nicht an der Technik – die ist längst da. Es liegt in der Regel auch nicht am Geld oder den Ressourcen. Es liegt an den Verhaltensweisen, die einem schnellen Vorankommen nicht förderlich sind. Jene, die superschnell transformieren, was machen diese anders? Das Kapitel versammelt 23 Best Practices.

# 8

# Nachwort zur Zukunftskompetenz

Nicht die Technologie bestimmt die Zukunft, sondern wir. Wir werden uns der Technologie bedienen und sie wird uns unterstützen – wenn wir uns so schnell entwickeln wie die Technologie. Wenn wir fit dafür sind, zukunftsfit.

Wenn du dich bis zu dieser Seite durchgelesen hast und nach und nach praktizierst, was du gelesen hast, erwirbst du dir diese Zukunftsfitness. Die Fitness aus dem Fitness-Studio ist was Nettes. Zukunftsfitness ist es nicht. Sie ist nicht nett, sie ist nötig. Nur wer fit ist, gestaltet die Zukunft. Das ist der Hintergedanke der zurückliegenden Seiten: Dich fit zu machen. Damit du die Zukunft gestaltest – und nicht umgekehrt.

Wir sind immer noch Menschen. Wir sind keine Konkurrenz für Maschinen. Vieles können Maschinen und Algorithmen inzwischen besser, schneller, billiger, effizienter. Doch das muss uns keine Sorgen bereiten. Denn umgekehrt können auch wir vieles besser als die Maschinen. Was ist das?

© Springer Fachmedien Wiesbaden GmbH, ein Teil von Springer Nature 2019
K. Scheerhorn, *So gelingt digitale Transformation!*,
Fit for Future, https://doi.org/10.1007/978-3-658-27190-9_8

Was ist unser Human USP, unsere menschliche Unique Selling Proposition? Was können wir besser? Was könnt ihr in eurem Business besser als Algorithmen und Maschinen? Wenn wir das herausfinden, müssen wir nicht in Konkurrenz zu den Maschinen treten und können „unser Ding" durchziehen. Besser noch: Wir können uns von den Maschinen entlasten und befreien lassen. Wir können ihnen schwere, repetitive, gefährliche, schmutzige und lästige Aufgaben überlassen und uns lieber um kreative, innovative, soziale, musische, persönliche, familiäre, künstlerische oder auch spirituelle Dinge kümmern. Das heißt: Die Zukunft wird menschlicher – wenn wir das alte Denken hinter uns lassen.

Wenn wir alte Denkmuster verlassen. Warum zum Beispiel müssen wir immer noch so viele Dienstreisen unternehmen? Wenn es doch Skype und andere bildgebende Konferenztechnologien gibt? Warum belasten wir noch immer die Umwelt, verlieren unproduktiv Zeit und setzen uns Reisestress aus, wenn wir das mit der neuen Technologie viel einfacher, besser und effizienter haben könnten? Die neue Technologie ist längst da. Was noch fehlt, ist das neue Denken. Denken wir neu!

Denkbar ist zum Beispiel, dass wir endlich aus der alten Zeit-gegen-Geld-Falle heraustreten. Wer behauptet denn, dass wir jeden Wochentag unsere acht Stunden zur Arbeit gehen müssen? Oder ins Büro? Wenn wir die anliegende Arbeit auch in fünf Stunden am Strand oder im Straßencafé erledigen könnten – Notebook und mobiler Datentechnik sei Dank?

Wir bauen immer noch fleißig Straßen, selbst wenn die Mobilitätskonzepte der Zukunft diese gar nicht mehr brauchen. Und sinnbefreite und unmenschliche Tätigkeiten gibt es nicht nur auf Sklavenplantagen, sondern auch in manchen Büros. Warum müssen wir das alles immer noch mit uns machen lassen? Wer sich mit den Optionen der

Zukunft auskennt, kann sagen: „Hey Boss – da gibt's was Besseres!" Wer zukunftsfit ist, kennt seine Zukunftsoptionen. Doch dafür muss man fit sein, zukunftsfit.

Viele sind es (noch) nicht. Sie sind viel zu sehr mit sich selbst beschäftigt, um sich mit der Zukunft abzugeben. Sie leben und arbeiten unter der Käseglocke. Anstatt sich nach dem umzuschauen, was in der Welt draußen vor sich geht. Wer unfit ist, tendiert dazu, die Welt zu verpassen, die sich munter weiterdreht. Das juckt viele heute nicht. Heute noch. Aber dann in einem, in drei, in fünf Jahren. Dann ist die Zukunft am Ereignishorizont verschwunden und dann wird es ziemlich schnell dunkel. Das ist das Verflixte an der Zukunft: Sie wird heute schon gemacht. Wer sich heute fit macht, kann die Zukunft morgen erleben und gestalten.

Dass dieses Gestalten auf Basis von Big Data und Smart Data geschieht, hat sich herumgesprochen. Daten sind das neue Öl. Deshalb sagen sich viele: „Die Daten werden's schon richten!" und lehnen sich komfortabel zurück. Das ist ein Fehler. Denn wer sich bei der aktuell stürmischen Entwicklung von Maschinen und Algorithmen bequem zurücklehnt, mitverursacht dann auch Künstliche Intelligenzen, die Farbige diskriminieren, weil niemand auf die Idee kam, die Big Data, mit denen die KI gefüttert und trainiert wurde, um den diskriminierenden Bias zu bereinigen. Die Technik braucht den Menschen! Sie braucht dich! Damit sie läuft und damit die Welt eine bessere wird.

Ich wünsche dir viel Erfolg und Freude dabei!

## Zusammenfassung

Bei der digitalen Transformation spielt die neue digitale Technologie eine große Rolle. Doch nicht sie bestimmt die Zukunft, sondern wie zukunftsfit wir selber sind. Wie gut wir mit der technologischen Entwicklung mithalten können. Wie sehr wir uns um Zukunftskompetenz bemühen. Wie schnell wir unser Denken auf die neuen Entwicklungen einstellen können und vor allem wollen. Warum zum Beispiel immer noch neue Straßen bauen, wenn die Mobilitätskonzepte der Zukunft diese gar nicht mehr brauchen? Die neuen Technologien sind längst da. Jetzt brauchen wir ein neues Denken.